V&R

Udo Rauchfleisch

Begleitung und Therapie straffälliger Menschen

4. Auflage

Vandenhoeck & Ruprecht

Bibliografische Information der Deutschen Nationalbibliothek

Die Deutsche Nationalbibliothek verzeichnet diese Publikation in der
Deutschen Nationalbibliographie; detaillierte bibliographische Daten sind im
Internet über http://dnb.d-nb.de abrufbar.

ISBN 978-3-525-40129-3
ISBN 978-3-647-40129-4 (E-Book)

Die erste Auflage ist 1991 im Matthias-Grünewald-Verlag, Mainz, erschienen.

Satz: www.composingandprint.de
Druck & Bindung: ⊕ Hubert & Co, Göttingen

Inhalt

Einleitung 7

1 »Ich kann mich doch nicht um alles kümmern« 11

2 »Was ich auch tue – alles ist falsch« 21

3 »Sie ist wirklich eine Arme« 29

4 »Wir fühlen uns so wohl miteinander« 39

5 »Wenn es nur nicht diese schrecklichen Anderen gäbe« . . . 45

6 »Und immer wieder Alkohol« 63

7 »Ich bin am Ende meiner Kraft« 73

8 »Ich habe Angst vor ihm« 87

9 »Ich verstehe mich selbst nicht mehr« 107

10 Zwischen Resignation und Hoffnung 115

11 Theoretische Überlegungen zur Entwicklung und
   Persönlichkeit von Straffälligen 119

Literatur 127

Einleitung

Ein Buch über die Arbeit mit straffälligen Menschen – was lässt sich auf diesem Wege von den dabei auftauchenden Problemen und von den Möglichkeiten, die sich dadurch eröffnen, vermitteln? Ist nicht jeder dieser Klientinnen und Klienten ein Individuum mit je eigenen Gefühlen und Reaktionsweisen, und ist nicht jede Mitarbeiterin und jeder Mitarbeiter, gleichgültig ob Professionelle oder ehrenamtlich Tätige, eine Persönlichkeit mit je eigener Ausprägung, so dass sich gar keine allgemeingültigen Aussagen machen lassen? Diese und ähnliche Fragen mögen die Leserinnen und Leser bewegen, die dieses Buch zur Hand nehmen.

Tatsächlich ist es schwierig, wenn nicht unmöglich, Handlungsanleitungen dafür zu geben, welches das »richtige« oder »falsche« Verhalten im Umgang mit straffälligen Klienten sei. Wie immer, wenn wir mit anderen Menschen umgehen, müssen wir spontan auf die jeweilige Situation, in der wir uns miteinander befinden, reagieren, müssen unsere eigenen Gefühle und die des Klienten berücksichtigen und können uns nicht an irgendwelche starren, Allgemeingültigkeit beanspruchenden Regeln halten. Und dennoch lehrt uns gerade die Arbeit mit straffälligen Menschen, dass wir zusammen mit den Klientinnen und Klienten im Strudel der Gefühle zu versinken drohen, wenn wir uns nicht darüber klar zu werden versuchen, was im Gegenüber und in uns selbst abläuft, und wenn wir unser Handeln nicht immer wieder kritisch überdenken.

Ich habe in diesem Buch die Darstellung theoretischer Konzepte bewusst knapp gehalten und mich bemüht, möglichst weitgehend ohne den Ballast von psychologischen Fachausdrücken auszukommen. Es ist mir wichtig, ein anschauliches, möglichst erlebnisnahes Bild von einigen

Grundproblemen zu vermitteln, die sich bei der Betreuung und Therapie straffälliger Menschen ergeben. Dabei gehe ich, wie die Kapitelüberschriften erkennen lassen, jeweils vom Erleben der Betreuenden aus und zeige auf, welches die Hintergründe solcher Gefühle sind, das heißt, was sie über die Betreuenden und die Klientinnen und Klienten aussagen. Meine Ausführungen richten sich an Menschen, die im Bereich der professionellen und halbprofessionellen Hilfe (Bewährungshilfe, Seelsorge, Sozialarbeit) tätig sind, aber auch an Psychotherapeutinnen und -therapeuten sowie an andere Fachleute, die straffällige Klienten behandeln und begleiten. Für diejenigen Leserinnen und Leser, die sich etwas intensiver mit der psychischen Situation von Straftätern und mit den spezifischen Bedingungen ihrer Entwicklung auseinandersetzen wollen, habe ich in Kapitel 11 in knapper Form mein vor allem auf tiefenpsychologischen Überlegungen basierendes Konzept dargestellt (eine ausführlichere Diskussion dieser Probleme findet sich in meinem Buch »Dissozial«, 1981, neu aufgelegt 1999 unter dem Titel »Außenseiter der Gesellschaft. Psychodynamik und Möglichkeiten zur Psychotherapie Straffälliger«).

Sind wir in der Begleitung straffälliger Menschen tätig, sei es in Form einer mehr oder weniger intensiven Betreuung, sei es in Gestalt einer Psychotherapie, so müssen wir uns die Frage vorlegen, welches denn die Ziele sind, die wir mit unserer Arbeit anstreben. Es mag vordergründig erscheinen und in mancher Leserin/manchem Leser vielleicht das ungute Gefühl erwecken, es gehe um eine reine »Anpassung« der Klienten, wenn ich als erstes Ziel die *Deliktfreiheit* nenne. Bedenken wir jedoch, dass die Delinquenz dieser Menschen letztlich Ausdruck ihrer inneren Not, ein geradezu verzweifelter Schrei nach Hilfe ist, so wird klar, dass ein Mensch, der sich nicht mehr in Straftaten verwickelt, seine inneren und äußeren Schwierigkeiten zumindest zu einem wesentlichen Teil gelöst hat. Hinzu kommt, dass sich der Delinquent durch jede neue Straftat immer tiefer in soziale Probleme und psychische Konflikte verwickelt und schon aus diesem Grund die Unterbrechung des Teufelskreises der Delinquenz einen wesentlichen Schritt auf dem Weg zu einem befriedigenderen Leben der Klientinnen und Klienten darstellt.

Ein weiteres Ziel der Betreuung und Therapie liegt darin, diesen in viele soziale Schwierigkeiten verstrickten Menschen zu einer *besseren sozialen Integration* zu verhelfen. Schon in Kindheit und Jugend haben die Probleme im Elternhaus begonnen, das oft von materieller Not und psychischen Konflikten geprägt war, haben zu Aufenthalten in Pflegefamilien und Heimen geführt, was zum Teil schwerste Beziehungsstörungen zur Folge hatte, haben Schul- und Berufsausbildungen beeinträchtigt, mitunter sogar völlig verunmöglicht, haben später zur Delinquenz und daraus resultierenden Aufenthalten in Strafanstalten geführt und haben schließlich eine Fülle sekundärer Folgen nach sich gezogen, wie finanzielle Überschuldung, Leiden unter dem Etikett »Vorbestrafter« sowie Arbeits- und Wohnprobleme. Angesichts dieses sozialen Elends muss es eine vordringliche Aufgabe jeglicher Betreuung sein, dem straffälligen Klienten dabei behilflich zu sein, wieder – oder oft: erstmals – in der sozialen Welt Fuß zu fassen.

Dazu gehören indes nicht nur Arbeit und Wohnung, wenngleich dies auch wichtige Dimensionen sind, sondern ebenso die *Fähigkeit, befriedigende mitmenschliche Beziehungen aufnehmen und aufrechtzuerhalten.* Die Entwicklung der Beziehungsfähigkeit ist eine schwierige und oft langwierige Aufgabe, da viele straffällige Menschen in ihrem bisherigen Leben in dieser Hinsicht zum Teil schwerste Enttäuschungen und Verletzungen sowie eine große Zahl von Beziehungsabbrüchen erlebt haben. Es ist jedoch eben dieser Bereich, in dem wir in erster Linie ansetzen und Veränderungen bewirken können, da der Kern jeder Begleitung und Therapie die Beziehung zwischen Klient und Betreuenden ist.

Über die intensive Gefühlsbeziehung, welche eine längere Begleitung mit sich bringt, kann es dann auch gelingen, den Klienten nach und nach *mehr Zugang zum eigenen Erleben* finden zu lassen. Immer wieder ist man beim Zusammentreffen mit straffälligen Menschen erschüttert festzustellen, wie fremd sie sich selbst sind, wie wenig sie die eigenen Gefühle spüren und wie unfähig sie letztlich sind, die in ihnen liegenden Möglichkeiten zu nutzen. Vieles im gefühlsmäßigen Bereich ist über Jahre und Jahrzehnte verschüttet worden, und es sind gegenüber dem eigenen Erleben und anderen Menschen Mauern aufgebaut worden, die schließlich alle Spontaneität zu ersticken drohen und diese Menschen gefühlsmäßig versteinern lassen. Diese Mauern behutsam abzubauen und den Klienten zu ermöglichen, mit der Zeit einen Weg aus ihrem inneren Gefängnis zu finden, ist ein zentrales Ziel der Betreuung.

Diese Teilziele sind selbstverständlich nicht unabhängig voneinander, sondern stehen in enger Wechselwirkung miteinander. So bedarf es, um das Ziel der Deliktfreiheit zu erreichen, sowohl der beruflichen Integration als auch der Verbesserung der Beziehungsfähigkeit der Klienten. Dies ist jedoch kaum möglich, ohne dass der straffällige Mensch einen besseren Zugang zu seinen eigenen Gefühlen, zu seinen Wünschen, Hoffnungen und Ängsten gefunden hätte. Ein solches Ziel wiederum ist nur erreichbar, wenn es den Betreuenden gelingt, eine tragfähige Beziehung zu den Klientinnen und Klienten herzustellen und an den in der Beziehung auftauchenden Konflikten zu arbeiten.

Die enge *Verquickung sozialer und psychischer Probleme* ist ein charakteristisches Merkmal straffälliger Menschen und erfordert ein spezifisches Vorgehen in Psychotherapie und Betreuung. Anders als bei vielen Klienten, mit denen wir sonst zu tun haben, kann man sich bei der Arbeit mit ihnen nicht in erster Linie auf einen bestimmten Störungsbereich konzentrieren, weil hier die Hauptkonflikte lägen. Es ist bei ihnen vielmehr notwendig, gleichzeitig die psychischen ebenso wie die sozialen Probleme im Auge zu behalten und an ihnen simultan zu arbeiten. Dieses *bifokale Behandlungskonzept* stelle ich in Kapitel 11 genauer dar.

Über die genannten Teilziele hinweg stellt die *Förderung der Autonomie* der Klientinnen und Klienten den Kern unserer Bemühungen dar. Ein solches Ziel scheint mir gerade bei diesen Menschen vordringlich zu sein, die von Kindheit an hilflos und ohnmächtig einer Welt gegenüberstanden, die sie als fremd und feindlich erlebten und die ihnen nicht gerecht zu werden vermochte. Förderung, ja oft überhaupt erst Entwicklung von Autonomie ist bei ihnen auch insofern ein zentrales Ziel, als diese Klienten durch ihre Straffälligkeit mit all den sich daran knüpfenden Folgen auch in ihrem heutigen Leben die Abhängigkeit, in der sie sich befinden, noch vergrößern. In tragischer Weise inszenieren sie so das Drama ihrer frühen Beziehungserfahrungen immer wieder von neuem bis in die Gegenwart.

Möge dieses Buch allen, die bereit sind, sich auf die Begleitung und Therapie straffälliger Menschen einzulassen, Mut machen, Hilfe bieten und in ihnen den Funken von Hoffnung lebendig halten, der ihnen Kraft für ihre Arbeit gibt.

Udo Rauchfleisch

1 »Ich kann mich doch nicht um alles kümmern«

Übernimmt man die Begleitung oder Therapie eines straffälligen Menschen, so entsteht im Betreuenden zumeist schon nach kurzer Zeit der Eindruck, von der Fülle der Aufgaben geradezu erdrückt zu werden: finanzielle Überschuldung, Wohn- und Arbeitsprobleme, familiäre Notsituationen und Konflikte, Kontakte zu Angehörigen und zu den Mitarbeitern der verschiedensten Sozialdienststellen – und nicht zuletzt schwerwiegende psychische Probleme der Klienten. Wie soll eine einzige Person, ob Professioneller oder freier Mitarbeiter, diese vielen verschiedenen Aufgaben auch nur annähernd erfüllen? Sollte man sich nicht lieber ganz von dieser Arbeit zurückziehen oder sich zumindest auf eine eng umschriebene Aufgabe beschränken und vor allem übrigen die Augen verschließen? Diese und ähnliche Gedanken drängen sich über kurz oder lang wohl jedem auf, der sich auf eine intensive Betreuung straffälliger Klienten einlässt. Es ist nach meiner Erfahrung sogar wichtig, dass man derartige Gefühle auftauchen lässt und bewusst wahrnimmt und sie nicht, weil sie den eigenen Idealvorstellungen von der guten Therapeutin oder vom guten Betreuer widersprechen, sofort beiseite schiebt. Es gibt zumindest zwei Gründe, die dafür sprechen, solche eigenen Gefühle sehr ernst zu nehmen:

Zum einen erfasst man damit eine – wenn auch sehr bedrückende – Realität dieser Klienten, die unter vielfältigen Problemen sozialer und psychischer Art leiden. Blenden wir als Begleiterinnen und Begleiter von Straffälligen diese Dimension aus, so nehmen wir einen zentralen Teil ihrer Not nicht wahr und können ihnen deshalb mit unserem betreuerischen und therapeutischen Angebot letztlich auch nicht gerecht werden. Zum anderen ist nicht nur die Realität des Klienten

11

wichtig, sondern sind auch unsere eigenen Gefühle und Reaktionen von großer Bedeutung – nicht zuletzt deshalb, weil wir mit unserer Persönlichkeit das »Instrument« sind, das wir für unsere Arbeit einsetzen. Auch wenn wir von uns erwarten, dass wir den Anforderungen, welche die Arbeit mit Delinquenten an uns stellt, gerecht werden, sollten wir uns nicht scheuen, uns Gefühle der Überforderung einzugestehen und uns mit ihnen auseinanderzusetzen. Gerade die Arbeit mit Klienten dieser Art zeichnet sich dadurch aus, dass wir auf Schritt und Tritt mit derartigen Widersprüchen und Konflikten in uns selbst und im Klienten konfrontiert sind. Man sollte es sich als Betreuerin oder Betreuer deshalb zur Grundregel machen, auch Gedanken und Gefühle, die einem selbst peinlich sind, zum Erleben zuzulassen, sich mit ihnen auseinanderzusetzen und dann eine bewusste Entscheidung zu treffen.

Die Begleitung straffälliger Menschen stellt uns vor eine Fülle verschiedener Aufgaben, und es ist, wie angedeutet, durchaus berechtigt, wenn die Betreuenden sich davon fast erdrückt fühlen. Untersucht man solche Situationen genauer, so kann man feststellen, dass zumeist zwei Gründe für dieses Gefühl ausschlaggebend sind: Zum einen fühlt sich der Betreuer angesichts der vielen sozialen und psychischen Schwierigkeiten seines Klienten selbst hilflos und erlebt damit etwas von den Gefühlen der Resignation und Verzweiflung, unter denen der Straffällige leidet. Zum anderen fühlen sich die Begleiterinnen und Begleiter, aber auch Therapeuten und Therapeutinnen, oft deshalb erdrückt von der Fülle der Probleme, weil sie unter dem Eindruck stehen, sie kämen wegen der vielen sozialen Schwierigkeiten dieser Menschen gar nicht zum »Eigentlichen«, nämlich zu »therapeutischen« Gesprächen, sei dies in Form einer Psychotherapie im engeren Sinne, sei es als Beratungsgespräch allgemeinerer Art, sei es die Auseinandersetzung mit dem Delikt und seinen Folgen.

Gewiss ist es angesichts der schwierigen psychischen Situation, in der sich viele dieser Klienten befinden, wichtig, sich für derartige tiefergehende Gespräche über zentrale Themen ihres Lebens Zeit zu nehmen. Es erscheint mir jedoch verhängnisvoll, wenn damit eine Bewertung verbunden wird, welche den Gesprächen über das psychische Befinden eine größere Bedeutung beimisst als denen über alltägliche soziale Probleme. Nach meiner Erfahrung ist es oft notwendig, sich zunächst intensiv mit dem Alltagsleben der Klienten zu beschäftigen (und in dieser Zeit eine einigermaßen tragfähige Beziehung aufzubauen), ehe man sich ihren psychischen Problemen zuwenden kann.

Dies ist durchaus verständlich: Zum einen ist es nachvollziehbar, dass ein Klient nicht einer »wildfremden« Person Einblick in sein Innenleben gestatten möchte. Abgesehen davon, dass schwerste Delikte wie Mord, Vergewaltigung oder Inzest für den Täter selbst letztlich unbegreiflich bleiben, sind zum anderen viele der psychischen Probleme dieser Menschen derart schwerwiegend und schmerzhaft für sie, dass ihr Zurückweichen davor durchaus verstehbar ist. Aus diesem Grund wäre es völlig unangebracht, ja unter Umständen grausam, als Betreuende von Anfang an darauf zu bestehen, »tiefe« Gespräche führen zu wollen.

Hinzu kommt, dass das, was bei oberflächlicher Betrachtung vielleicht als Ausweichmanöver erscheint, als »raffinierte Technik«, die Betreuer mit nebensächlichen, unwichtigen Fragen und »Problemchen« vom »Eigentlichen« abzubringen, sich bei genauerer Untersuchung als wichtige Informationen erweisen. Oft artikulieren diese Klientinnen und Klienten zentrale Anliegen und Konflikte in Berichten über scheinbar völlig banale Erlebnisse oder im Wunsch nach Hilfe bei einer – dem Außenstehenden vielleicht lächerlich erscheinenden – Angelegenheit. In einer solchen Situation kommt es darauf an, dass wir als Begleiter die Sprache unserer Klienten zu verstehen lernen und uns nicht durch irgendwelche Vorurteile (beispielsweise was den Wert »tiefer« oder »oberflächlicher« Gespräche betrifft) selbst den Weg zu ihnen verbauen.

Ich möchte die bisherigen Ausführungen an zwei Beispielen veranschaulichen. Eine auf den ersten Blick vielleicht merkwürdig erscheinende Situation war die folgende: Martin, ein junger, mehrfach straffällig gewordener Patient, fragte mich zu Beginn einer Therapiesitzung etwas verschämt, ob er mir einen von ihm verfassten Liebesbrief zeigen dürfe. Er sei mir dankbar, wenn ich ihn zumindest auf grobe orthographische Fehler hin anschauen könnte. Der sechsseitige Brief, den er mir daraufhin gab, enthielt eine detaillierte Schilderung seines bisherigen Lebens, und zwar vor allem eine Darstellung seiner Delikte, seiner bisherigen mehrfachen Gefängnisaufenthalte und der sozial schwierigen Situation, in der er sich zur Zeit befand. Auf meine Frage, an wen er diesen Brief schicken wolle (die Anrede lautete lediglich »Liebes Fräulein«), erklärte er mir, dass er am Vorabend am Nachbartisch des Restaurants, in dem er häufig verkehre, eine junge Frau gesehen habe, in die er sich »Knall auf Fall« verliebt habe. Er habe allerdings kein Wort mit ihr gewechselt, sondern habe von Kollegen lediglich erfahren, dass sie im Nachbarhaus wohne. Ihren Namen kenne er nicht; er habe vor, den Hauseingang gegen Abend, wenn sie vermutlich von der Arbeit zurückkomme, zu beobachten und zu schauen, aus welchem Briefkasten sie ihre Post herausnehme. In diesen Kasten wolle er dann seinen Brief stecken.

Es wäre meines Erachtens völlig verfehlt, wenn man als Betreuer oder Therapeut einen Brief, wie Martin ihn mir vorgelegt hat, zurückwiese, um zu »wichtigeren therapeutischen Themen« zu kommen. Dies wäre nicht nur eine empfindliche Kränkung des Patienten gewesen, der Scheu und Scham hatte überwinden müssen, um mir den Brief überhaupt zu zeigen. Ich hätte durch ein solches taktloses Vorgehen vielmehr auch gezeigt, dass ich die eigentliche Botschaft, die Martin durch seine Bitte an mich richtete, nicht verstanden hätte. Hätte ich mir nicht Zeit für diese – Außenstehenden vielleicht unwichtig erscheinende – Angelegenheit genommen, hätte ich mir einen wichtigen Zugang zum Erleben und Handeln meines Patienten verbaut. Gestattete mir Martin durch seinen Brief doch Einblick in seine Innenwelt und ließ mich erkennen, wie hilflos und zwiespältig er sich in seinen sozialen Kontakten fühlte und wie wenig realistisch er die innere und äußere Situation seiner Bezugspersonen einzuschätzen vermochte.

So extrem diese Situation einerseits ist, so charakteristisch ist sie andererseits doch in Bezug auf die Anonymität der Beziehungen, welche Straffällige oft zu anderen Menschen aufnehmen. Hinzu kommt, dass, wie im beschriebenen Beispiel, solche Beziehungen von Anfang an geradezu überladen werden mit ungeheuren Erwartungen an die potenziellen Partner, ohne deren eigene soziale Realität und deren Gefühle auch nur im geringsten zu berücksichtigen (diese Dynamik entfaltet sich natürlich auch in der Beziehung zu den Betreuenden, worauf ich in Kapitel 7 noch eingehen werde). In Martins Fall betrifft dies etwa seine Unfähigkeit, sich in die junge Frau einzufühlen. Wie sich im weiteren Gespräch über diesen Brief zeigte, hatte er sich keinerlei Gedanken darüber gemacht, wie ein solcher »Liebesbrief« (in dem sich der Patient im Grunde nur von seinen

»Schattenseiten« darstellte) auf die Frau wirken würde. Martin hatte ferner in keiner Weise berücksichtigt, dass die Frau unter Umständen einen Ehemann oder Freund haben könnte. Auch die Tatsache, dass ein ihr völlig fremder Mann ihr ein Liebesgeständnis macht, ohne bisher ein einziges Wort mit ihr gewechselt zu haben, war für Martin in keiner Weise bemerkenswert. Für ihn war nur sein eigenes Gefühl maßgebend, sein Wunsch nach einer Liebesbeziehung ließ ihn jeglichen Realitätsaspekt vergessen.

Anzumerken ist hier, dass neben diesem bewussten Wunsch das unbewusste Motiv des »Liebesbriefes« offensichtlich darin bestand, die Frau abzuschrecken und eine reale Beziehung gerade zu verunmöglichen. Eine solche Dynamik, die sich in der beschriebenen Situation nur erahnen ließ, hatte sich in früheren Versuchen, die Martin unternommen hatte, um Kontakt zu anderen Menschen aufzunehmen, bereits gezeigt und war auch in der Folge mehrfach beobachtbar. Immer wieder geriet er in Situationen, die ihm die Möglichkeit einer intensiveren gefühlsmäßigen Beziehung zu einem anderen Menschen boten, in diesen höchst zwiespältigen Zustand, in dem sich in die Sehnsucht nach dem Partner oder der Partnerin die ungeheure Angst vor der Nähe eben dieses Menschen mischte. Auch in der Beziehung zu mir kam es zu einem solchen Schwanken zwischen Anklammern und Zurückstoßen und konnte hier im Rahmen der Therapie bearbeitet werden (vgl. meine theoretischen Ausführungen in Kapitel 11).

Die therapeutische Strategie, die ich in Situationen wie der beschriebenen verfolge, läuft darauf hinaus, dem Patienten gegenüber zunächst vor allem den Realitätsaspekt zu vertreten. Dabei ist selbstverständlich, dass man – gerade wenn es sich wie hier um Liebes- und andere intime Gefühle handelt – sehr behutsam und taktvoll vorzugehen hat und jegliche Kränkung dieser ohnehin wenig frustrationstoleranten Menschen unbedingt vermeiden muss. Doch darf man aus einer solchen Situation, in welcher ein Klient dem Betreuer einen derartigen Brief vorlegt, wohl schließen, dass der Betreffende prinzipiell bereit ist, darüber ein Gespräch zu führen.

In Martins Fall gab uns der Brief Material für etliche Therapiestunden. Letztlich hätte man daran sämtliche Störungsbereiche des Patienten abhandeln können: die Störung seiner Realitätsprüfung und die Verzerrungen seiner Wahrnehmungsfunktionen, seine Tendenz, andere Menschen zu mächtigen »Richtern« zu machen, deren

Urteil er sich bedingungslos unterwarf, die Tatsache, dass er völlig von den eigenen Wünschen beherrscht war und die Realität anderer Menschen darüber ganz aus den Augen verlor, seine Selbstsabotagetendenzen (mit denen er das Zustandekommen einer wirklichen Beziehung von vornherein verunmöglichte), die erwähnte Ambivalenz von Anklammerung und Abstoßung sowie die im Grund grandiose Erwartung, die Frau werde »selbstverständlich« auf seinen Wunsch nach einer Liebesbeziehung eingehen. In der Therapiephase, in der Martin mir den Brief vorlegte, war mir die *Arbeit an der sozialen Realität* am wichtigsten. Sie nahm deshalb im Gespräch über den Brief den größten Raum ein.

Ein solches Vorgehen sollte uns als Betreuende allerdings nicht daran hindern, auch den einen oder anderen weiteren der genannten Aspekte zumindest beiläufig zu erwähnen. Dies hat den Vorteil, dass man später in anderen Situationen, in denen die gleiche Thematik sichtbar wird, wieder auf diese ursprüngliche Begebenheit zurückkommen und sich auf das damals bereits Gesagte beziehen kann. Bei Martin habe ich beispielsweise die *Selbstsabotagetendenzen* – gleichsam en passant – erwähnt, ohne zu diesem Zeitpunkt ausführlich auf diese Dynamik einzugehen. Bei einer späteren Gelegenheit konnte ich dem Patienten unter Rückgriff auf dieses Beispiel dann zeigen, dass er sich aufgrund seiner Zwiespältigkeit in Bezug auf intensive Gefühlsbeziehungen immer wieder ähnlich verhält und diese Dynamik auch in unserer therapeutischen Beziehung zum Tragen kommt.

Wie das Beispiel zeigt, bietet uns, wenn wir als Betreuerinnen und Betreuer nur hellhörig sind, selbst die banalste Situation eine Fülle von Material, das uns Zugang zu unseren Klienten vermittelt und das wir jetzt und später selbst für therapeutische Ziele im engeren Sinne nutzen können. Das Wichtigste scheint mir zu sein, dass wir das scheinbar Oberflächliche nicht als weniger wichtig beiseite schieben, sondern ihm den gleichen Stellenwert einräumen wie jeder anderen Äußerung des Klienten.

Ein zweites Beispiel kann dies noch einmal verdeutlichen: Hans-Peter, ein strafentlassener junger Mann, brachte in die Therapiestunde einen Bescheid mit, den er von der Finanzbehörde erhalten hatte. Hochgradig erregt wies er darauf hin, dass er mit diesem vorgedruckten Formular gerügt werde, weil er seine Steuer noch nicht bezahlt habe; es sei unverschämt, dass man ihm als Termin für die

Zahlung ein Datum angebe, das bereits eine Woche zurückliege. Sein wütender Kommentar gipfelte in den Worten: »Die meinen natürlich, mit mir als Verbrecher könnten sie so umgehen. Aber die sollen was erleben! Ich gehe da hin und schlage denen alles kurz und klein.« Tatsächlich fand sich auf dem Steuerbescheid ein fettgedrucktes Datum der vergangenen Woche. Der Text lautete jedoch nicht, wie Hans-Peter angenommen hatte, er hätte seine Steuern bis zu diesem Zeitpunkt bezahlen sollen, sondern es hieß, in der Abrechnung seien Zahlungen bis zum angegebenen Datum berücksichtigt. Diese im Grunde triviale Situation, die sich aus der sozialen Realität dieses Mannes ergeben hatte, lieferte uns eine Fülle von Material für die psychotherapeutische Arbeit.

Beim Umgehen mit diesem scheinbar banalen Missverstehen des Steuerbescheids besaß die Arbeit an der hier sichtbar gewordenen *Realitätsverkennung* erste Priorität. Konkret hieß dies: Ich forderte Hans-Peter auf, mir den vollständigen Text des Bescheids vorzulesen. Die Tatsache, dass er dies zunächst wütend verweigerte, lässt erkennen, dass das Missverstehen der Mitteilung nicht lediglich als Unachtsamkeit interpretiert werden durfte, sondern Ausdruck eines (aus psychodynamischen Gründen) aktiv eingesetzten Widerstandes gegen die Wahrnehmung der äußeren Realität war. Der von Hans-Peter erlebte Vorwurf konnte verstanden werden als Projektion seiner eigenen Aggressivität. Er erlebte sich als Opfer dieser in die Außenwelt verlegten Aggression und leitete daraus die Berechtigung zu einer Gegenaggression ab. Die aggressive Reaktion auf meine Aufforderung, mir den Steuerbescheid vorzulesen, ist für mich ein Hinweis darauf, dass es bei diesen Menschen nicht lediglich um ein Nachholen oder ein Erlernen sozialer Fertigkeiten geht, sondern dass solche (tatsächlich notwendigen) Lernprozesse erst erfolgen können, wenn die pathologische Abwehr, die jegliche neue Erfahrung verhindert, zuvor bearbeitet worden ist.

In der beschriebenen Episode trat außerdem deutlich die enorme Selbstentwertung des Patienten hervor: Die Selbstetikettierung als »Verbrecher«, mit dem andere »natürlich« meinten so umgehen zu dürfen, vermittelte ein anschauliches Bild von den entwertenden Stimmen, welche Hans-Peter in sich selbst trug.

Deutlich wurde hier auch der von straffälligen Menschen vielfach eingesetzte Mechanismus, diese selbstentwertenden Tendenzen in die

Außenwelt hinauszuverlegen und gegen die vermeintlichen Feinde dann einen geradezu verzweifelten Kampf zu führen – in der irrigen Hoffnung, damit die entwertenden Stimmen im eigenen Innern zum Schweigen bringen zu können. Ferner ließ Hans-Peters Verhalten auch eine grandiose Vorstellung (Ausdruck seiner narzisstischen Selbstwertstörung) erkennen: Stellte doch der Plan, er werde nun zum Finanzamt gehen und es »denen zeigen« und dort »alles zusammenschlagen« den Versuch dar, in einer Art Machtrausch seine ihn quälenden Ohnmachtsgefühle zu verleugnen und sich durch die Äußerung seiner Wut als omnipotenter Beherrscher der Situation zu fühlen – auch dies ein Verhalten, das bei Straffälligen immer wieder auftritt und in der Behandlung bearbeitet werden muss.

Schließlich stellte sich beim weiteren Gespräch über den Steuerbescheid heraus, dass Hans-Peters Verhalten auch einen zentralen psychodynamischen Kern enthielt: Erstmals berichtete er ausführlich davon, dass er alle seine finanziellen Belange von der Mutter erledigen lasse, sich von ihr aber zugleich ständig bevormundet und kontrolliert fühle. Hier wurde ein Stück seines zentralen Autonomiekonflikts deutlich, der eine wesentliche Rolle in der Entwicklung seiner Störung gespielt hatte und den er in seinem heutigen sozialen Leben in den verschiedensten Zusammenhängen immer wieder von neuem inszenierte. Dieses Schwanken zwischen dem Wunsch nach einer möglichst totalen Versorgung und dem Aufbegehren gegen die dadurch übermächtig werdenden Partner ist eine Dynamik, die wir fast regelhaft in der Betreuung Strafentlassener erleben, nicht zuletzt auch im Umgang mit uns.

Bedenken wir, dass zu Situationen wie den beiden hier beschriebenen noch die Fülle von Problemen im Wohn- und Arbeitsbereich, die Schuldensanierung sowie die vielen gravierenden psychischen Schwierigkeiten der straffälligen Klienten hinzukommen, so kann sich Betreuerinnen und Betreuern oft – mit Recht – der Eindruck aufdrängen, sie könnten sich doch einfach nicht »um alles« kümmern. Dies ist, allein schon aus Zeitgründen und wegen mangelnder Kompetenz eines einzelnen Betreuers, aber auch weil man gerade bei derartigen Begleitungen sorgsam mit den eigenen Kräften umgehen muss (vgl. Kapitel 7), sicher nicht möglich und auch gar nicht nötig. Vielfach wird man auf die Unterstützung von Mitarbeiterinnen und Mitarbeitern anderer Institutionen (Gerichten, verschiedenen Sozialdienststellen, ärztliche Dienste u. a.) gar nicht verzichten können. In diesem Fall ist es jedoch wichtig, in welcher Form diese Zusammenarbeit erfolgt (s. dazu Kapitel 5).

Wie die angeführten Beispiele gezeigt haben, kann man indes auch als einzelne Betreuerin oder einzelner Betreuer bei einem bestimmten vom Klienten präsentierten Problem – und erscheine es auch noch so »unwesentlich« – beginnen und daran eine Fülle weiterer Themen besprechen und mit dem Klienten zusammen zu lösen versuchen. Von einer solchen intensiv durchgearbeiteten Fragestellung geht dann oft eine positive Wirkung auf andere Probleme aus. Der Klient lernt hier an einem Beispiel, wie er sich mit den Schwierigkeiten seines Lebens auseinandersetzen kann, und vermag diese Erfahrung dann auch in anderen Situationen anzuwenden.

2 »Was ich auch tue – alles ist falsch«

Markus, ein bei verschiedenen Pflegefamilien und dann im Heim aufgewachsener, heute 35-jähriger Mann, hat bereits etliche, zum Teil längere Haftstrafen wegen Einbrüchen, Diebstählen, Körperverletzung und Sachbeschädigung hinter sich. Nach seiner letzten Haftentlassung ist er über Vermittlung seines ehemaligen Vormunds mit der Bitte an mich gelangt, ich möge die ihm mehrfach empfohlene Psychotherapie übernehmen. Wie viele dieser Klienten stand er einer solchen Behandlung äußerst skeptisch gegenüber, fügte sich aber »brav« dem Druck seiner Umgebung und spürte offensichtlich auch, dass er sich immer tiefer in die Delinquenz verstrickte und ihm bei nochmaliger Straffälligkeit die Verwahrung bevorstehe.

Eine Therapiemotivation im traditionellen Sinne besteht bei Klienten wie Markus zumeist zwar nicht – und ist aufgrund ihrer spezifischen Entwicklungsbedingungen und Persönlichkeitsausformung (vgl. Kapitel 11) auch gar nicht zu erwarten. Dennoch ist eine Behandlung bei ihnen sehr wohl möglich (zur Frage der Indikation s. Rauchfleisch, 1990, 1999). Je genauer ich Markus kennenlernte, desto deutlicher sichtbar wurde mir, unter welcher Fülle von sozialen Problemen er litt, wobei diese Schwierigkeiten in enger Wechselwirkung zu seinen psychischen Störungen standen.

So zeigte sich schon bald, dass seine Erfolglosigkeit bei der Arbeitssuche nicht nur durch seinen Status als Vorbestrafter und seine mangelnde Berufsausbildung, sondern wesentlich auch durch seine zum Teil *extreme Kränkbarkeit* bedingt war. Viele Stellen kamen für ihn von vornherein »gar nicht in Frage«, waren unter seiner »Würde«, weil er sich durch diese (von außen gesehen: keineswegs minderwertigen) Tätigkeiten gedemütigt fühlte. Hinzu kam, dass er bei der

21

geringsten Verunsicherung, die er in einem Vorstellungsgespräch bei sich spürte, und auf das kleinste Zeichen einer kritisch-skeptischen Haltung des Arbeitgebers mit einer narzisstischen Aufblähung reagierte. In solchen Situationen drehte er in einer sozial völlig inadäquaten Weise »den Spieß um« und übte seinerseits plötzlich heftige Kritik am Arbeitgeber und dessen Betrieb. Die daraufhin selbstverständlich erfolgende Abweisung beantwortete Markus dann jeweils mit dem Hinweis, er habe ohnehin in »so einem« Betrieb nicht arbeiten wollen, das sei ja »eine Zumutung«! Wie das Beispiel zeigt, greifen hier die sozialen Bedingungen und die persönlichen Schwierigkeiten des Strafentlassenen eng ineinander und schaukeln sich gegenseitig auf.

In der Behandlung zeigte sich Markus nach einer ersten Phase vorsichtiger, misstrauisch-abwartender Kontaktnahme ganz von seiner hilfsbedürftigen Seite. Er betonte immer wieder, wie schlecht es ihm gehe, wie stark er unter den äußeren Problemen, insbesondere auch unter den »Unverschämtheiten« der Umwelt leide, und hob hervor, dass er so froh sei, all diese Probleme mit mir besprechen zu können. Untergründig schwang bei solchen »Lobeshymnen« auf mich allerdings stets ein anklagender Ton mit, ein gewisser Vorwurf, etwa der Art, dass ich ihm zwar in mancher Hinsicht Hilfe leistete, ihm aber längst nicht genug gäbe.

Da ich bei dissozialen Klienten ein Behandlungskonzept vertrete, bei dem ich neben der psychotherapeutischen Arbeit im engeren Sinne jeweils auch recht aktiv bei der Lösung sozialer Probleme bin (bifokales Behandlungskonzept, s. Kapitel 11, und Rauchfleisch, 1996, 1999), nahm ich diese Aufforderung durchaus ernst und besprach in den Sitzungen mit Markus vermehrt die Möglichkeiten, die er hinsichtlich einer Arbeitsstelle habe. Wir schauten gemeinsam Inserate an und überlegten und entwarfen Bewerbungen. Alle diese Bemühungen zeitigten jedoch keinerlei Erfolge. Dabei fiel mir auf, dass der Patient sich mir zwar als sehr hilfsbedürftig präsentierte und mich mitunter auch direkt bat, ich möge ihm doch manifeste Hilfe leisten (zum Beispiel ihm bei der Formulierung eines Bewerbungsschreibens helfen oder mich beim Arbeitsamt nach allfälligen Stellen erkundigen etc.). Zugleich bemerkte ich aber – immer deutlicher –, dass Markus letztlich alle Angebote und Unterstützungen boykottierte. Vordergründig sagte er zwar zu allem brav »ja«. Unversehens folgten jedoch das »aber« und der Hinweis, die geplante Stelle komme für ihn aus den verschiedensten (von außen her gesehen: vorgeschobenen) Gründen »auf keinen Fall in Frage«. Zunehmend empfand ich dieses Dilemma, in das mich der Patient durch seine widersprüchlichen Botschaften brachte, als sehr belastend, und ich erlebte bei mir Hilflosigkeit und Ärger.

Waren diese Gefühle und die Dynamik unserer Interaktion mir zuvor nur andeutungsweise bewusst gewesen, so erlebte ich den Eindruck »Was ich auch tue – alles ist falsch« ganz deutlich in der folgenden Situation: Markus berichtete verzweifelt und empört, dass er überall abgewiesen und unfreundlich behandelt werde; das habe er nun schon bei zig Vorstellungen erlebt und ertrage eine solche Behandlung nicht länger. Wir überlegten daraufhin, welchen Weg er bei Bewerbungen nun wählen könne, und kamen auf die Idee, eine Arbeitsvermittlung in Anspruch zu nehmen. Markus versprach sich davon einen gewissen Vorteil, da er auf diese Weise nicht immer wieder direkt mit Arbeitgebern konfrontiert sei, die ohnehin kaum geneigt seien, ihn anzustellen. Wenn er den Weg über ein Stellenvermittlungsbüro wähle, müsse er sich nur dort vorstellen, wodurch günstige Voraussetzungen, eine Arbeitsstelle zu finden, geschaffen würden. Der Patient fragte mich schließlich, ob ich ihn nicht zu diesem Büro begleiten könne; das würde ihm das Gefühl größerer Sicherheit vermitteln. Ich war bereit, auf diese Bitte einzugehen, und traf ihn am abgemachten Termin vor dem Haus der Arbeitsvermittlung.

Die Vorstellung des Patienten in diesem Büro führte mir die Dynamik unserer Beziehung und das für Markus typische Verhaltensmuster drastisch vor Augen. Die erste Überraschung erlebte ich, als ich Markus vor dem Haus traf. Er war, im Unterschied zu seiner sonstigen Kleidung und Aufmachung, auffallend ungepflegt, geradezu verwahrlost wirkend, vom Gesamteindruck her, den er hinterließ, ausgesprochen abstoßend – und dies in einem Augenblick, wo er sich um eine Stelle bewerben wollte!

Im Vermittlungsbüro wurden wir freundlich von der zuständigen Sachbearbeiterin empfangen. Sie bemühte sich sichtlich, auf die beruflichen Wünsche des Patienten einzugehen. Sie schilderte ihm ihre Möglichkeiten und stellte ihm auch einige Stellen, die eigentlich ganz seinen Vorstellungen entsprachen, in Aussicht. Markus reagierte darauf jedoch keineswegs mit Erleichterung und zeigte nicht die geringste Bereitschaft, auf die Vorschläge einzugehen, sondern verhielt sich gleichgültig-ablehnend und äußerte schließlich in einer ausgesprochen kränkenden Weise, wir wollten wieder gehen, er habe keine Lust, sich dieses »Gewäsch« länger anzuhören. Verblüffung und sichtlicher Ärger bei der Angestellten des Vermittlungsbüros – und ebensolche Gefühle bei mir, der unter dem Eindruck stand, nun hätte ich mir so viel Mühe gegeben, Markus bei der Stellensuche behilflich zu sein, und wir seien schon so nahe am Ziel gewesen – und nun habe er mit einer einzigen Handbewegung alles »vom Tisch gewischt«. Dabei vermittelte er mir durch die Art seines Verhaltens außerdem noch das Gefühl, ich sei ihm letztlich überhaupt nicht gerecht geworden.

Die geschilderte Situation ist nach meiner Erfahrung charakteristisch für die Art, wie sich die Beziehungen zwischen Straffälligen und den sie Betreuenden oft abspielen. Gewiss erlebt man diese Dynamik nicht immer so krass und offensichtlich, wie ich sie bei dem gemeinsamen Gespräch bei der Arbeitsvermittlung erfahren hatte (sie wird vor allem dort so deutlich sichtbar, wo man sich in das soziale Feld des Klienten begibt und ihn dort unmittelbar erlebt). Doch spielt eine derartige Dynamik in vielen Fällen eine wichtige Rolle und führt bei den Betreuerinnen und Betreuern zu den von mir beschriebenen Gefühlsreaktionen.

Bei aller persönlichen Betroffenheit kommt es, wenn wir professionell vorgehen wollen, darauf an, in solchen Situationen nicht völlig unreflektiert zu reagieren, beispielsweise indem man aus der eigenen Gekränktheit heraus einem Menschen wie Markus jegliche weitere Unterstützung versagte, gar den Kontakt zu ihm völlig abbräche. Man tut hingegen gut daran, die eigenen Gefühle zum Anlas zu nehmen, um sich Gedanken über die Hintergründe des Verhaltens zu machen, das ein solcher Klient zeigt.

Es geht zunächst darum, für sich Klarheit zu schaffen und zumindest einige Hypothesen darüber zu entwickeln, welches die Motive dieses provokativen, den Betreuer kränkenden und seine Arbeit entwertenden Verhaltens sein mögen. Erst dann kann man sich für ein bestimmtes Vorgehen entscheiden, das nun nicht ein impulsives »Zurückgeben« ist, sondern ein therapeutisches Ziel verfolgt, etwa dem Klienten zu helfen, sein selbstschädigendes Verhalten zu ändern.

Im Fall von Markus fiel es mir nach unserer gemeinsamen Erfahrung bei der Arbeitsvermittlung wie Schuppen von den Augen, dass sich die gleiche Dynamik, allerdings in weniger offenkundiger Form, bereits seit längerer Zeit zwischen uns abgespielt hatte. Immer wieder hatte er mir die zwiespältige Botschaft gesendet, ich solle ihm unbedingt helfen – aber wenn ich etwas tat, war es nicht recht. Bei genauerer Untersuchung der vielen Situationen dieser Art, die wir miteinander erlebt hatten, wurde sichtbar, dass sein Verhalten durch die folgenden Ursachen bedingt war:

Wie aus der bisherigen Schilderung schon ersichtlich geworden sein dürfte, bestand bei ihm eine hohe *narzisstische Kränkbarkeit.* Die Konfrontation mit der tatsächlich oft bedrückenden, desolaten sozialen Realität war für ihn angesichts seiner hochgeschraubten Ambitionen und seiner grandiosen Selbstentwürfe stets von neuem eine empfindliche Kränkung. Sich an einer Arbeitsstelle zu bewerben, die »unter dem Niveau« lag, das er für sich als akzeptabel empfand (ohne dass er aber die für eine »höhere« Stellung nötigen Voraussetzungen mitgebracht hätte), das Konfrontiert-Sein mit Arbeitgebern, die ihm zum Teil wegen seines Status als Vorbestrafter tatsächlich ablehnend und skeptisch begegneten und sich mitunter sogar (wie er mir glaubhaft berichtete) ausgesprochen entwertend ihm gegenüber äußerten, eine Absage nach der anderen entgegennehmen zu müssen und sich insgesamt in einer ohnmächtigen Position zu fühlen – all dies waren Erfahrungen, die schon einer in ihrem Selbstwerterleben weniger als Markus gestörten Persönlichkeit große Mühe bereitet hätten. Diesem selbstunsicheren Menschen, der sich vor dem Erleben seiner zentralen Insuffizienzgefühle durch grandiose Selbstentwürfe zu schützen versuchte, waren solche Konfrontationen mit der sozialen Realität jedoch unerträglich. Insofern war es durchaus nachvollziehbar, dass Markus zwar stets ein Stück weit auf meine Forderungen und Pläne einging, dann jedoch jegliche tatsächliche Veränderung boykottierte.

In diesem Zusammenhang ist auch zu bedenken, dass die Vorstellung »Ich habe es ja selber verunmöglicht, dass ich die Stelle bekomme«, »Ich will ja gar nicht, so etwas nehme ich doch nicht an«, Markus in eine für sein Selbstwertgefühl günstigere Position brachte und für ihn damit einen Kränkungsschutz darstellte. Nun war er nicht mehr der ohnmächtig und hilflos mächtigen Arbeitgebern ausgelieferte Markus, sondern der Arbeitnehmer, der sich selbst aussucht, was ihm gefällt und der andere von seiner Entscheidung abhängig sein lässt. Diese Dynamik wiederholte sich in unserer Beziehung in eindrücklicher Weise: Hier zappelte ich, bildhaft gesprochen, bald hilflos an der Angel des Patienten, der mich nun erleben ließ, wie schlimm die Situation für den ist, mit dem andere umspringen, wie es ihnen passt.

Diese Dimension der Aggression, die ich spätestens bei unserem gemeinsamen Besuch bei der Stellenvermittlung an meinen eigenen Gefühlen spürte, ist eine weitere, für viele straffällige Menschen charakteristische Determinante ihrer Persönlichkeit und ihres Verhaltens. Sie sind zwar, wenn sie sich auf die Beziehung zu einem Therapeuten oder einem Betreuer einlassen, sehr bemüht, aggressive Gefühle dieser Person gegenüber nicht aufkommen zu lassen (dies schon allein aus der Angst heraus, damit die ihnen wichtig werdende Beziehung wieder zu zerstören). Doch spielt aufgrund ihrer bisherigen Lebenserfahrung die Aggression in ihrem Erleben eine so zentrale Rolle, dass diese Impulse sich »durch die Hintertür«, in mehr oder weniger indirekter Form, doch äußern. Ich hatte dies bereits seit längerer Zeit gespürt, indem ich immer wieder unter dem Eindruck stand, ich gäbe mir in der Behandlung redlich Mühe und Markus ziehe mir, kaum dass wir etwas aufzubauen begonnen hatten, immer wieder den Boden unter den Füßen weg.

Ein solcher Boykott unserer therapeutischen und betreuerischen Angebote ist eine der Verhaltensweisen, die wir bei dissozialen Klienten fast regelhaft finden und welche den Umgang mit diesen Menschen oft so schwierig für uns machen. Immer und immer wieder erleben wir, dass unsere Arbeit von ihnen entwertet und zurückgewiesen wird. Auch wenn wir uns in solchen Momenten vor Augen halten müssen, dass diese Klienten aufgrund ihrer bisherigen Lebenserfahrung gar nicht anders fühlen und handeln können (man sollte sogar besonders hellhörig werden, wenn man den Eindruck erhält, solche Klienten nähmen unsere Angebote sehr bereitwillig an), ist das Erleben eines solchen permanenten Zurückgewiesenwerdens für Betreuer und Therapeuten doch sehr unangenehm und auf die Dauer belastend. Charakteristischerweise nehmen diese Klienten ihre aggressiven Impulse und ihren Neid auf all die, die ihnen etwas zu geben vermögen, selbst oft gar nicht wahr beziehungsweise mobilisieren, kaum dass solche Gefühle auftauchen, eine massive Abwehr dagegen. In dieser Situation ist es wichtig, dass wir als Begleitende unsere eigenen Gefühle sorgfältig registrieren, da wir hier, quasi stellvertretend für unseren Klienten, etwas wahrnehmen, was in ihm abläuft, er selbst jedoch nicht wahrzunehmen vermag. So war mein Ärger über Markus bei unserem gemeinsamen Besuch bei der Stellenvermittlung ein Abbild der Aggression, die der Patient mir gegenüber erlebte, aber sich selbst und mir nicht einzugestehen wagte.

Man würde die innere Situation eines Menschen wie Markus jedoch grob missverstehen, wenn man diese gegen die Betreuenden gerichtete Aggression persönlich nähme. Letztlich ist man nur die Person, an welcher der Klient seine inneren, aus seiner Lebensgeschichte stammenden Konflikte abhandelt. Gewiss ist dies im konkreten Fall oft nur ein geringer Trost, wenn sich die aggressiven Impulse mit voller Gewalt gegen einen richten. Doch ist es bei aller eigenen Betroffenheit wichtig, sich immer wieder vor Augen zu halten, dass der Klient nicht eigentlich uns meint, wenn er so, wie ich es bei Markus beschrieben habe, mit uns umgeht. Wir stellen für ihn vielmehr einen Spiegel dar, in dem er die ganze Misere seiner Entwicklung in der Kindheit wiedererkennt und uns (zumindest was seine Gefühle angeht) mit den frühen Bezugspersonen »verwechselt«. Im Sinne der Psychoanalyse haben wir es hier mit *Übertragungen* zu tun. So unangenehm diese Situation für Betreuerinnen und Betreuer oft auch sein mag, so wichtig ist sie doch für den Klienten: Denn nur dadurch, dass wir ihm die Möglichkeit bieten, im Umgang mit uns andere Erfahrungen zu machen, neue Formen der Auseinandersetzung zu finden und sich intensiv mit den dabei in ihm auftauchenden Gefühlen auseinanderzusetzen, kann er eine neue Einstellung zu sich und seiner Umgebung finden. Für diesen schwierigen Lernprozess müssen wir uns dem Klienten zur Verfügung stellen. Dazu gehört unter anderem auch, dass wir derartige Situationen, wie ich sie bei Markus beschrieben habe, mit ihm zusammen durchstehen und uns als Projektionsfläche von ihm benutzen lassen und dass wir unsere eigenen Gefühle dabei sorgfältig registrieren und dann mit dem Klienten zusammen seine Gefühle und Reaktionen klären.

Ein letzter Gesichtspunkt, der bei unserem gemeinsamen Besuch bei der Stellenvermittlung deutlich sichtbar wurde, waren die für Klienten wie Markus typischen zwiespältigen Gefühle bezüglich ihrer

Selbstständigkeit. Einerseits befinden sie sich oft in einem verzweifelten Kampf um Unabhängigkeit und reagieren geradezu panikartig auf Situationen, in denen sie den Eindruck gewinnen, sie würden in ihrer Autonomie eingeschränkt (was aufgrund ihrer lebensgeschichtlichen Erfahrung auch durchaus verständlich ist; s. Kapitel 11). Andererseits aber lösen Situationen, in denen sie die eigentlich ersehnte Unabhängigkeit entwickeln und selbstverantwortlich entscheiden könnten, bei ihnen ungeheure Ängste aus. Vielfach erleben sie Selbstständigkeit so, als würden sie völlig auf sich selbst zurückgeworfen, und klammern sich voller Panik an die Personen, von denen sie sich gerade mit aller Macht zu befreien versucht haben. Aus diesem Dilemma heraus ist es verständlich, dass Klienten wie Markus jeder Verselbstständigung höchst zwiespältig gegenüberstehen und hilflos zwischen Sich-Anklammern und Abstoßen hin- und herschwanken. Während dem Klienten selbst diese Dynamik oft nicht bewusst ist, erleben die Betreuenden sie, wie ich an meinen Gefühlen Markus gegenüber beschrieben habe, in der Regel sehr deutlich. Hierin liegt denn auch eine große Chance, die es in der Begleitung straffälliger Menschen zu nutzen gilt: Indem wir unsere eigenen Gefühle und Reaktionen sorgfältig registrieren und reflektieren, können wir wichtige Informationen über die innerseelischen Probleme unserer Klienten erhalten. Voraussetzung dazu ist allerdings, dass wir uns selbst bei sehr provokativem Verhalten der Klienten nicht persönlich gekränkt fühlen, sondern ihr Verhalten als Ausdruck ihrer Konflikte verstehen, die sie an uns abhandeln und die dadurch überhaupt erst sichtbar und der Bearbeitung zugänglich werden.

3   »Sie ist wirklich eine Arme«

Die Konfrontation mit dem Lebensschicksal straffälliger Menschen macht uns zu Recht oft sehr betroffen. Als Kinder in einer von materieller und psychischer Not und Verzweiflung gezeichneten Welt aufgewachsen, bei Eltern, die angesichts ihrer eigenen Schwierigkeiten oft beim besten Willen nicht in der Lage waren, ihren Kindern auch nur annähernd das zu geben, was für deren gedeihliche Entwicklung notwendig gewesen wäre, vielfach hin- und hergeschoben zwischen Pflegefamilien und Heimen, später in Strafanstalten inhaftiert und heute sozial weitgehend isoliert in einer desolaten inneren und äußeren Situation lebend – angesichts eines solchen Schicksals taucht in uns als Betreuerinnen und Betreuer, wenn wir uns wirklich auf die Klienten einlassen, verständlicherweise oft das Gefühl auf, es seien wirklich »Arme«.

Ein derartiges Mit-Leid im Sinne einer gefühlsmäßigen Anteilnahme scheint mir aus der Betroffenheit, die wir angesichts eines solchen erschütternden Schicksals erleben, durchaus angemessen und als eine spontane Reaktion im Grund selbstverständlich zu sein. Dennoch sollten wir bei der Begleitung Straffälliger nicht bei einer solchen Feststellung stehen bleiben, sondern auch dieses Gefühl auf seine Hintergründe hin untersuchen und auf Gefahren, die sich daraus unter Umständen für die Betreuung ergeben.

Bevor ich die Fragen, die sich in diesem Zusammenhang stellen, anhand eines Fallbeispiels diskutiere, möchte ich bereits vorwegnehmend die drei Hauptprobleme nennen, damit die Leserinnen und Leser bei der Schilderung der konkreten Situation ihr Augenmerk speziell auf diese Gesichtspunkte lenken können. Das in uns auftauchende Gefühl, unsere Klienten seien im Grunde doch »Arme«, beinhaltet die folgenden für die Betreuung problematischen Aspekte:

In der Charakterisierung »Armer« schwingt, auch wenn wir uns dessen vielleicht nicht bewusst sind, immer die Vorstellung eines Ungleichgewichts mit: wir die Gebenden, »Reichen«, der Klient der Empfangende, »Arme«.

Wenn wir den straffälligen Menschen als »Armen« empfinden, ist es nur ein kleiner Schritt bis zur Auffassung, wir müssten ihn angesichts seiner bedrückenden Lebensgeschichte als »Opfer« sehen, und zwar vor allem als Opfer böser Eltern, die in ihrem Erziehungsauftrag versagt haben.

Empfinden wir jemanden als »Armen«, so kann die logisch erscheinende Konsequenz sein, man müsse ihm unbedingt helfen; das Wichtigste sei, seinen Nachholbedarf zu befriedigen und den in der Kindheit erlebten Mangel wiedergutzumachen.

Claudia, eine 23-jährige junge Frau, war nach Abschluss der Pflichtschulen keiner beruflichen Tätigkeit nachgegangen und lebte, als sie mich konsultierte, in schwierigsten sozialen Verhältnissen. Sie berichtete, in einem von Aggressivität und sexueller Verwahrlosung geprägten Elternhaus aufgewachsen zu sein. Ihre frühkindlichen Erfahrungen fasste sie anschaulich mit den Worten zusammen: »Um mich selber ging es nie! Meiner Mutter war ich völlig gleichgültig, nur brauchbar, wenn ich für sie log, dem Vater gegenüber diverse außereheliche Beziehungen der Mutter deckte. Und für den Vater war ich nur Blitzableiter für die Wut, die er auf die Mutter hatte. Über mich wurde immer nur verhandelt wie über eine Ware.« Aus diesem Erleben hatte sich bei Claudia ein negatives Selbstkonzept entwickelt, das sie mit den Worten umriss: „Jetzt will ich gar nicht mehr wissen, was ich will und fühle. Es wäre besser gewesen, die Mutter hätte mich gleich abgetrieben.« In allen ihren heutigen Kontakten wiederholte sie das Beziehungsmuster der frühen Kindheit und sah sich damit immer wieder in ihrer Vorstellung bestätigt: »Alle lehnen mich ab und nutzen mich nur aus.«

Es war erschütternd mitzuerleben, wie bei dieser Patientin die Tatsache, dass sie in der Therapie emotionale Zuwendung und Aufmerksamkeit erfuhr, für sie keineswegs eine Entlastung mit sich brachte. Claudia fühlte sich dadurch vielmehr in tiefe Verwirrung gestürzt, und es kam zu Ausbrüchen von Hass und Verzweiflung:

»Jetzt, nachdem alle immer nur auf mir herumgetrampelt haben, soll ich plötzlich etwas Gutes kennenlernen? Nun soll ich etwas für mich selber tun? Das ist so furchtbar! Das ertrage ich nicht!« Je deutlicher Claudia wurde, dass sie sich heute als Erwachsene *selbst* in der Rolle der Abgelehnten, Ausgenutzten festhielt, desto größer wurde ihre Verwirrung und desto verzweifelter klammerte sie sich an das Bild ihrer negativen Identität. Gerade weil sie spürte, dass diese – ihr als Kind vielleicht aufgezwungene – Rolle heute nicht mehr der äußeren Realität entsprach, versuchte sie mit allen Mitteln an diesem Bild festzuhalten, da es das Einzige zu sein schien, das ihr Halt und Ordnung in ihrem inneren und äußeren Chaos zu bieten versprach. Sie konnte dieses Bild nicht aufgeben, da sie befürchtete, damit die einzigen Koordinaten ihres Lebens zu verlieren.

3.1 Ein kränkendes Ungleichgewicht

Stehen wir einem Menschen wie Claudia gegenüber, so drängt sich der Eindruck, sie sei »eine Arme«, relativ leicht auf. Wir erleben wohl zu Recht, dass diese junge Frau extrem ungünstige Startbedingungen hatte und, verglichen mit anderen Menschen, ein ungleich schwierigeres Schicksal erleiden musste. So zutreffend ein solcher Eindruck und so angemessen derartige Gefühle auch sein mögen, so liegt darin für die Betreuung dieser Frau doch eine nicht unerhebliche Gefahr. Bedenken wir, dass gerade dissoziale Menschen wie Claudia und die anderen geschilderten Klienten eine nur minimale Kränkungstoleranz besitzen und aufgrund ihrer bisherigen Lebenserfahrung geradezu seismographisch auf jede – auch nur vermeintliche – Kritik an ihrer Person reagieren, so wird verständlich, dass für sie die mitschwingende Haltung »Wir sind die Gebenden, die Reichen, die Klienten sind die Empfangenden, die Armen« unerträglich ist. Mögen die Angebote der Professionellen auch noch so gut gemeint sein, sie sind für eine Frau wie Claudia unannehmbar, sowie sie aus der Haltung der Betreuungspersonen entnimmt, sie werde nicht als vollwertige Partnerin akzeptiert. Es mag paradox erscheinen, dass eine solche Klientin sich umso heftiger zur Wehr setzen und umso abweisender sein wird, je mehr man ihr zu geben scheint und je einfühlsamer man sich ihr gegenüber verhält. Claudia hat diese sie selbst irritierende Reaktion treffend in die Worte gefasst: »Jetzt, nachdem alle immer nur auf mir herumgetrampelt haben, soll ich plötzlich etwas Gutes kennenlernen? Nun soll ich etwas für mich selber tun? Das ist so furchtbar! Das ertrage ich nicht!«

Doch wie können wir eine solche Reaktion verstehen? Müsste Claudia nicht dankbar dafür sein, dass wir ihr nun bessere Bedingungen für ihre weitere Entwicklung bieten? Müsste sie nicht beglückt und vertrauensvoll auf unser Beziehungsangebot eingehen, das ihr so viel mehr an gefühlsmäßiger Anteilnahme und Verbindlichkeit verspricht als die Beziehungen, die sie in ihrem bisherigen Leben erlebt hat? Die Tragik einer Entwicklung, wie viele dissoziale Menschen sie durchlaufen, liegt darin, dass sie all dies gerade *nicht* können. Sie vermögen weder dankbar etwas anzunehmen noch sich vertrauensvoll jemandem zu überlassen, und sie sind trotz – oder gerade wegen – ihrer unendlichen Sehnsucht nach gefühlsmäßiger Zuwendung von einer tiefen Angst jeglicher emotionalen Nähe gegenüber erfüllt.

Tatsächlich waren die Bedingungen, unter denen Claudia aufgewachsen ist, keineswegs dazu angetan, in ihr Vertrauen zu anderen Menschen entstehen zu lassen. Sich auf eine Beziehung zu jemandem tief einzulassen, war ihr nicht nur unbekannt, sondern allein schon die Möglichkeit einer solchen verbindlichen Nähe löste in ihr panische Ängste aus. Unzählige emotionale Verletzungen und Enttäuschungen in ihrem bisherigen Leben hatten sie gelehrt, dass man Gefühle einem anderen Menschen nie zeigen sollte. Am besten erschien es ihr sogar, wenn sie selbst sie gar nicht mehr wahrnahm. Hatte sich Claudia doch schon von frühester Kindheit an als Spielball, als »Ware«, wie sie es formulierte, mächtiger, willkürlich handelnder Eltern empfunden. Warum sollte sie sich nun in eine neue Abhängigkeit zu einem »mächtigen« Betreuer begeben, in der sie – in ihrem Erleben – auch noch den letzten Rest ihres ohnehin schon schwachen Selbstwertgefühls verlöre?

Hinzu kommt ein weiterer wiederum vielleicht paradox erscheinender Aspekt: Die Erfahrungen der Kindheit und des späteren Lebens mögen für einen Menschen wie Claudia zwar bedrückend und bitter gewesen sein. Doch hat sich daraus eine Persönlichkeit entwickelt, die trotz aller Verunsicherung doch eine gewisse Stabilität gefunden hat, wobei der Kern dieses Identitätsgefühls das erfahrene Leid und die negative Sicht von der eigenen Person und von den Bezugspersonen ist. Auch wenn es eine »negative Identität« ist, bietet sie einem solchen Menschen doch gewisse Koordinaten, an denen er sich orientieren kann. Es darf uns bei einer derartigen Entwicklung nicht wundern, wenn Claudia voller Panik auf neue, bessere Beziehungserfahrungen reagiert. Wird dadurch doch ihr Welt- und Menschenbild total auf den Kopf gestellt! Dies kann bei solchen Klienten mitunter bis zu schwersten emotionalen Krisen führen, in denen sich diese Menschen völlig aus der Bahn geworfen fühlen und im Grunde nicht mehr wissen, wer sie eigentlich sind. Claudia hat einen solchen Zustand anschaulich mit den bereits zitierten Worten ausgedrückt: »Jetzt will ich gar nicht mehr wissen, was ich will und fühle ... Nachdem alle immer nur auf mir herumgetrampelt haben, soll ich plötzlich etwas Gutes kennenlernen? ... Es ist so furchtbar! Das ertrage ich nicht!«

Man sieht: Es gibt eine Reihe gewichtiger Gründe für einen Menschen wie Claudia, sich gerade durch das Angebot einer besseren Beziehungserfahrung und durch das Gefühl des Betreuers, sie sei doch »eine Arme«, tief gekränkt zu fühlen und darauf mit Panik zu reagieren.

3.2 Das »arme Opfer«

Eine Lebensgeschichte wie die von Claudia lässt in uns Betreuerinnen und Therapeuten leicht den Eindruck entstehen, diese Frau sei im Grunde von Kindheit an das »arme Opfer« einer sie missbrauchenden Umgebung. Sie selbst schildert sich rückblickend als Spielball der elterlichen Interessen, als jemanden, um die es selbst nie ging, über die »immer nur verhandelt wurde wie über eine Ware«. Und selbst heute noch erlebt Claudia sich stets von neuem als Opfer willkürlich mit ihr umgehender Partner. Das Schicksal ihrer frühen Kindheit setzt sich damit bis in ihr Erwachsenenalter fort, und man gewinnt fast den Eindruck, es liege so etwas wie ein Fluch über diesem Leben.

Überschauen wir den bisherigen Lebensweg eines solchen Menschen und erfahren von den vielen psychischen Verletzungen und Versagungen, die in der Kindheit erlitten worden sind, so liegt es relativ nahe, die Eltern für dieses Schicksal »haftbar« zu machen. Sind sie ihrem Kind doch offensichtlich so viel schuldig geblieben und haben ihm Verletzungen zugefügt, die wie bei Claudia zu schwersten Fehlentwicklungen geführt haben. Derartige Überlegungen erscheinen durchaus logisch, und auch die psychologischen Theorien bestärken uns in einer solchen Auffassung.

Tatsächlich ist das Kind – zumindest mehr oder weniger – ein Produkt seiner Umgebung. Es wird in Anbetracht der großen Formbarkeit des Menschen weitgehend von den Einflüssen (in erster Linie von den Eltern oder Ersatzpersonen) geprägt, denen es in der Kindheit ausgesetzt ist. So einleuchtend und durchaus zutreffend eine solche Überlegung auch ist, so unheilvoll wirkt sie sich letztlich in der Praxis oft aus. Identifizieren wir uns unkritisch mit einer solchen Auffassung, so resultieren daraus einige Gefahren, auf die ich im Folgenden eingehen möchte.

Auch wenn die Tatsache, dass die Eltern einen großen Einfluss auf die Entwicklung ihrer Kinder ausüben, unbestreitbar ist, wäre es doch ein Kurzschluss, daraus abzuleiten, sie (und dabei wird vor allem immer wieder auf die Mütter verwiesen) seien »schuld« an dem traurigen Schicksal ihrer Kinder. Dies ist eine unzulässige Vereinfachung der in der Realität viel komplexeren Verhältnisse. Die Mütter mögen zwar gerade in der frühesten Kindheit den engsten Kontakt zum Kind gehabt und wegen dieser Nähe einen großen Einfluss auf das Kind ausgeübt haben. Sie leben jedoch nicht in einem sozialen Vakuum. Stets gehört zu dem System, das die Entwicklung des Kindes prägt, auch der Vater, unabhängig davon, ob er in der Familie anwesend ist oder nicht. Mitunter üben gerade die nichtpräsenten Väter, von denen das Kind nur aus Erzählungen weiß oder die in der Familie »totgeschwiegen« werden, einen sehr großen Einfluss aus. Außerdem wird die Lebenssituation der Mutter wesentlich dadurch mitbestimmt, in welchem Verhältnis sie zum Vater des Kindes steht und inwieweit dieser die Mutter unterstützt oder verunsichert.

Man darf auch die Eltern nicht losgelöst von ihrer näheren und weiteren sozialen Umgebung sehen. Von der sie umgebenden Welt wird es zu nicht unwesentlichen Teilen abhängen, ob die Eltern Unterstützung finden und damit ihrem Erziehungsauftrag gerecht werden können oder ob sie noch weiter verunsichert werden und sich infolge der sozialen Konflikte, denen sie selbst ausgesetzt sind, total erschöpfen, so dass ihnen keinerlei Kraft mehr bleibt, um ihren Kindern »gute« Eltern zu sein.

Schon diese knappen Überlegungen zeigen, dass es ein Kurzschluss ist, wenn man die Eltern oder gar allein die Mütter zu »Schuldigen« am Schicksal ihrer Kinder erklärt. Gerade eine Lebensgeschichte wie die von Claudia lässt deutlich werden, dass die Eltern aus ihrer eigenen Kindheit heraus und aufgrund der schwierigen sozialen Situation, in der sie sich als Erwachsene befanden, im Grunde selbst Opfer sind und ihren Kindern gar nicht gerecht werden *konnten*. Damit ist nicht gemeint, dass Eltern keinerlei Verantwortung für das Gedeihen ihrer Kinder trügen. Doch muss man gerade als Betreuer von Menschen, die in schwierigsten sozialen Verhältnissen leben, die Situation dieser Klienten und ihrer Familien in ihrer ganzen Komplexität betrachten und darf nicht in vereinfachender Weise eine einzelne Person zum »Schuldigen« erklären.

3.3 Die verinnerlichten Eltern und die Übernahme der Selbstverantwortung

Die Leserinnen und Leser mögen zugestehen, dass solche Überlegungen durchaus einleuchtend sind, fragen sich aber vielleicht, ob ihnen irgendeine praktische Bedeutung bei der Betreuung straffälliger Menschen zukommt. Genau dies scheint mir aber der Fall zu sein. Es ist nach meiner Erfahrung keineswegs lediglich eine theoretische Frage, ob wir Professionellen die Eltern als Schuldige empfinden oder ob wir auch ihre eigene Entwicklung und ihre Verstrickung in vielfältige persönliche und soziale Schwierigkeiten sehen. Die Haltung, welche Betreuenden diesem Thema gegenüber einnehmen, hat unmittelbare Konsequenzen für ihren konkreten Umgang mit den Klientinnen und Klienten.

Ist man sich darüber klar, dass man bei Menschen wie Claudia nicht einfach den Eltern, gar speziell der Mutter, alle Schuld am Schicksal der Tochter zuweisen kann, so wird man die Klientin auch nicht in simplifizierender Weise nur als »armes Opfer« empfinden, das einen enormen »Nachholbedarf« habe, den die Professionellen möglichst befriedigen sollten. Die eine solche Klientin Betreuenden werden vielmehr die tragischen Verstrickungen, denen alle Mitglieder dieser Familie ausgesetzt sind, realitätsgerecht wahrnehmen und

Claudia nicht durch eine einseitige Opfersicht noch zusätzlich kränken. Ich bin auf dieses Problem bereits ausführlicher eingegangen.

Ein weiterer für die Betreuung mindestens so wichtiger Gesichtspunkt ist der, dass die Eltern nicht nur als reale Personen von Bedeutung sind, sondern, vor allem für den Erwachsenen, als verinnerlichte Bilder eine große Rolle spielen. Der äußere Kontakt ist vielleicht, wie bei Claudia, längst abgebrochen, oder die Eltern zeigen heute ein ganz anderes Verhalten als in der Kindheit. Doch in unserem Innern tragen wir vielfach bis weit ins Erwachsenenalter hinein die Eltern so mit uns, wie wir sie als Kinder erlebt haben – wobei dahingestellt sei, ob die Eltern tatsächlich so waren, wie wir uns an sie erinnern, oder ob wir sie vielleicht nur in dieser bestimmten – verzerrten – Weise wahrgenommen haben. Im Verlauf der Entwicklung sind die realen Eltern zu einem Teil der eigenen Persönlichkeit geworden.

Nehmen wir als Betreuerinnen und Betreuer nun vehement Stellung gegen diese Eltern und erklären sie zu Schuldigen am Geschick ihres Kindes, so wenden wir uns immer auch ein Stück weit gegen unseren Klienten. Straffällige Menschen mit ihren oft so bedrückenden Lebensgeschichten verführen ihre Betreuer sehr leicht dazu, eine solche Frontstellung gegen die Eltern einzunehmen. Aber gerade bei diesen Klienten ist eine solche Haltung besonders verhängnisvoll, da die Verurteilung der Eltern für den Klienten immer auch eine Zurückweisung seiner eigenen Person bedeutet. Betreuer und Therapeutinnen geraten auf diese Weise in eine paradoxe Situation: Sie wollen eigentlich ihrem »armen« Klienten helfen und sich seiner besonders annehmen, und gerade dadurch lehnen sie ihn in einem zentralen Teil seiner Persönlichkeit ab und kränken ihn zutiefst.

Es ist zu bedenken, dass wir auch in der Arbeit mit erwachsenen Klienten mitunter auf die Unterstützung der Eltern angewiesen sind. Zumindest ist es wichtig, dass wir uns in den Eltern nicht Feinde unserer Bemühungen schaffen. Geben wir den Klienten durch unsere Haltung und vielleicht sogar durch direkte Stellungnahmen zu erkennen, dass wir die Eltern für die Schuldigen halten, so muss es uns nicht verwundern, wenn wir von ihrer Seite keinerlei Unterstützung erfahren. Wenn der Klient seine Eltern über unsere Haltung informiert und die Eltern – verständlicherweise – gekränkt reagieren und dem Klienten gar anraten, den Kontakt zu uns abzubrechen, so ist uns dies unseligerweise nochmals Bestätigung für die Annahme, es seien »unmögliche« Eltern. Die Konsequenz ist ein sich immer engerziehender Teufelskreis von gegenseitiger Ablehnung. Dabei ist unser Klient letztlich der Hauptleidtragende. Er wird durch unsere kritische Haltung den Eltern gegenüber nicht nur total verunsichert (weil wir, wie beschrieben, damit einen Teil von ihm in Frage stellen), sondern er gerät auch in große Loyalitätskonflikte, da er sowohl den Eltern als auch uns die »Treue halten« möchte.

Wie diese Hinweise zeigen, ist es aus verschiedenen Gründen verhängnisvoll, wenn Betreuer und Therapeuten in einer Klientin wie Claudia nur das »arme Opfer« sehen. Zweifellos hat diese junge Frau viel Schweres erlebt, und ihre Umgebung ist ihr vieles schuldig geblieben. Doch ist ihr kein guter Dienst damit erwiesen, wenn wir sie nach all den erlittenen Versagungen und psychischen Verletzungen nun auch noch durch den zwar gut gemeinten Status als »Arme« zusätzlich kränken und in einem zentralen Bereich ihrer Persönlichkeit zurückweisen.

Hinzu kommt ein letzter Gesichtspunkt, der mir für die weitere Entwicklung solcher Klienten von großer Bedeutung zu sein scheint: Weisen wir allein den Eltern oder auch der weiteren Umgebung die Schuld am Geschick des Klienten zu, so verführt ihn eine solche Sicht sehr leicht dazu, sich selbst nur noch als Opfer zu empfinden und jegliche Eigenverantwortung von sich zu weisen. Dies wäre jedoch ein unheilvoller Effekt unserer Betreuung, da dadurch eine Änderung unseres Klienten völlig verunmöglicht würde. Einerseits befriedigt darüber, dass sein bohrender Anspruch auf Wiedergutmachung nun »offiziell« anerkannt worden ist, andererseits immer tiefer hineingetrieben in das Gefühl des Ressentiments und des Hasses gegen eine Welt, die ihn kaputt gemacht habe, würde sich die dissoziale Fehlentwicklung beim Klienten immer mehr verfestigen. Wenn wir unser Verhalten selbstkritisch betrachten, müssten wir in einem solchen Fall zugeben, dass wir mit der Haltung, mit der wir ihm eigentlich helfen wollten, genau das Gegenteil erreicht haben: Wir haben dazu beigetragen, seine schwere dissoziale Fehlentwicklung noch weiter zu zementieren, statt ihm beim Abbau seiner Probleme behilflich zu sein. Wir haben ihm, der ohnehin schon von bohrenden Ansprüchen und dem permanenten Gefühl, zu kurz zu kommen, erfüllt ist, noch zusätzlich suggeriert, dass er im Grunde ein Recht auf Wiedergutmachung habe, und verstärken damit noch seine sich im sozialen Leben unheilvoll auswirkenden Forderungen und Ansprüche.

Worauf es in der Therapie und Begleitung der Klienten ankommt, ist etwas völlig anderes: Wir müssen ihnen behilflich sein, in realistischer Weise zu erkennen, dass ihre Umgebung ihnen zweifellos in vielerlei Hinsicht nicht gerecht geworden ist – ihnen aus den verschiedensten Gründen nicht gerecht werden *konnte* –, dass sie nun als Erwachsene aber ihr Geschick selbst in die Hand nehmen müssen. Sie sind heute für sich selbst verantwortlich und können sich, so schmerzlich diese Einsicht für sie auch sein mag, nicht mehr auf die alte Schuld der Eltern berufen.

Dies ist für jeden Menschen, der Schweres in Kindheit und Jugend erlebt hat, eine bittere Einsicht und mobilisiert stets heftige Gefühle von Trauer, Verzweiflung und Hass. Die Anerkennung der Tatsache, dass das Schuldig-Erklären der Eltern nichts bringt und dass das in der Kindheit Nicht-Erhaltene nicht mehr einklagbar ist, stellt jedoch die Grundvoraussetzung für eine konstruktive Entwicklung dar. Erst die Bereitschaft, auf Schuldzuweisungen und Wiedergutmachungsansprüche zu verzichten, bereitet den Boden für ein weiteres Wachstum der Persönlichkeit vor. Und eben bei diesen – allerdings schwierigen – Schritten sollten wir unseren Klienten behilflich sein.

4 »Wir fühlen uns so wohl miteinander«

Haben Klient und Betreuer die erste, zumeist turbulente Zeit ihres gemeinsamen Weges miteinander durchgehalten und ist eine einigermaßen tragfähige Beziehung entstanden, so folgt oft eine ausgesprochen ruhige Phase. Dies ist durchaus verständlich und für die weitere Begleitung insofern auch sinnvoll, als derartige Phasen zu einer Stabilisierung der Beziehung beitragen und gegenseitiges Vertrauen entstehen lassen.

Und dennoch können, so paradox es erscheinen mag, gerade Zeiten, in denen der Therapeut oder die Betreuerin den Eindruck haben, »wir pflegen eine sehr harmonische Beziehung miteinander«, problematisch sein. Ich möchte sogar so weit gehen zu sagen, man sollte immer dann ganz besonders skeptisch werden und sorgfältig reflektieren, was in der Beziehung zwischen Betreuer und Klient abläuft, wenn man sich »sehr wohl« fühlt. Diese Formulierung darf nicht in dem Sinne missverstanden werden, als sollten Betreuerinnen und Betreuer extrem misstrauisch sein und hinter allem etwas Schlimmes wittern. Doch kann gerade das Gefühl, es laufe alles ganz glatt und konfliktlos und man verstehe sich bestens miteinander, darauf hinweisen, dass wichtige andere – gegenteilige – Gefühle des Klienten von ihm und auch vom Betreuenden ausgeblendet werden.

Ein Beispiel möge diesen Sachverhalt verdeutlichen: Der 30-jährige, mehrfach straffällig gewordene Walter, der unter einer schweren Legasthenie litt und aus diesem Grund praktisch kein Wort richtig zu schreiben vermochte, bat mich in einer Sitzung, ihm bei einem Bewerbungsschreiben behilflich zu sein. Da er nach der Entlassung aus der Haft bereits längere Zeit arbeitslos war und sich nun die Chance einer Anstellung bot, erklärte ich mich bereit, die Bewerbung für ihn mit der Schreibmaschine zu schreiben. Ich war dazu bereit, da es bei der Stelle, für die sich der Klient interessierte, um eine rein manuelle Tätigkeit ging, so dass es nicht wichtig war, ob er selber fehlerfrei schreiben konnte oder nicht. Walter lehnte sich daraufhin in einer grandiosen Geste in seinem Stuhl zurück und diktierte mir als seinem »Sekretär«, wie er lachend sagte, den Brief. Anschließend betonte er mehrmals, wie dankbar er mir für die Hilfe sei, und verwies immer wieder darauf, wie wohl er sich in der Therapie fühle.

Man könnte der Ansicht sein, dass das von Walter geäußerte Gefühl der Dankbarkeit völlig angemessen sei und dass es geradezu spitzfindig sei, dahinter noch andere Gefühle zu vermuten. Wir wissen jedoch aus der Entwicklung solcher Menschen, dass aufgrund ihrer frühkindlichen Erfahrungen (mit all den Entbehrungen und Kränkungen, die sie erlitten haben) tief in ihnen eine mitunter chaotische, sie selbst ängstigende Aggression schlummert. Diese Impulse äußern sich vielfach in ihren Delikten und wirken sich oft in zerstörerischer Weise auf ihre Beziehungen aus. Ein Grund, intensive Beziehungen zu meiden, liegt gerade in der – berechtigten – Angst solcher Klienten, eine größere mitmenschliche Nähe werde die seit der Kindheit in ihnen angesammelte Wut zur Entladung bringen und sie könnten sich selbst und den Partner »zerstören«; dies ist im übertragenen, aber auch im konkreten Sinne gemeint (vgl. auch meine theoretischen Ausführungen in Kapitel 11).

Angesichts dieser Situation ist es verständlich, dass Menschen wie Walter allen Beziehungsangeboten skeptisch gegenüberstehen und, wenn sie sich einmal auf die Beziehung zu einem Betreuer eingelassen haben, ängstlich darauf bedacht sind, alles Aggressive daraus auszuklammern. Es ist charakteristisch für solche Menschen, dass sie, wie Walter es in der beschriebenen Episode getan hat, die Harmonie geradezu beschwören. Genau daran lässt sich aber erkennen, dass neben der Dankbarkeit und den positiven Gefühlen noch ganz andere – gegenteilige – Impulse wirksam sind.

Aus der therapeutischen Erfahrung mit solchen Patienten wissen wir, dass es verhängnisvoll für die Therapie ist, wenn man diese aus der Beziehung ausgeklammerten, unterdrückten aggressiven Gefühle des Klienten nicht wahrnimmt und nicht bearbeitet. Je stärker der Patient sie auch aus dem eigenen bewussten Erleben zurückdrängt, desto größer wird mit der Zeit der untergründige Aggressionsstau. Zugleich werden auch Angst und Schuldgefühle eines solchen Patienten zunehmend größer, da er befürchtet, der Therapeut werde ihn sicher zurückweisen und sich empört von ihm distanzieren, sobald er sein »wahres« Gesicht (das heißt: seine aggressive Seite) zeige. Dieses Dilemma zwischen Zuneigung und Aggression wird umso quälender für den dissozialen Menschen, je wichtiger der Therapeut für ihn wird.

Einen Ausweg scheint in dieser Situation nur eine neuerliche Verstärkung der Idealisierungstendenzen dem Therapeuten gegenüber zu bieten. Doch diese führen, wie beschrieben, zwangsläufig zu einer weiteren Verstärkung der gestauten, abgespaltenen aggressiven Impulse. Dieser Teufelskreis zieht sich mit der Zeit immer enger und kann schließlich dazu führen, dass ein solcher Patient seine Rettung nur noch im Therapieabbruch sieht. Es ist aus diesem Grund in der Behandlung solcher Persönlichkeiten von zentraler Bedeutung, stets besonders hellhörig für ihre aggressiven Impulse zu sein und sich nicht durch idealisierende Tendenzen des Patienten blenden zu lassen.

Aus diesen Überlegungen muss man die Schlussfolgerung ziehen, dass es für die Betreuung von straffälligen Menschen wie Walter wichtig ist, zwar ihre Dankbarkeit durchaus zu akzeptieren, sich dadurch aber nicht verführen zu lassen, mit dem Klienten zusammen die aggressive Seite aus der Beziehung auszublenden. Konkret hieß dies in der beschriebenen Episode mit Walter: Ich teilte ihm mit, dass ich sehr wohl verstünde, dass er froh über meine Hilfe gewesen sei. Ich könne mir jedoch vorstellen, dass er daneben auch bittere, aggressive Gefühle mir gegenüber gehegt und sich vielleicht sogar durch meine Unterstützung gekränkt gefühlt habe. Diese Hinweise thematisieren vor allem die bei diesen Klienten oft ausgeprägten Neidimpulse allen Menschen gegenüber, die etwas für sie tun. Würden diese Impulse nicht ausdrücklich angesprochen, so bestünde bei einem den Klienten unterstützenden Vorgehen, wie ich es geschildert habe, die große Gefahr, dass die aggressiven Impulse (zum Beispiel mittels Idealisierung des Betreuers) ganz aus der Beziehung ausgeklammert würden und damit latent blieben, mit der Konsequenz, dass es, wie bereits beschrieben, beim Klienten zu einem immer größer werdenden untergründigen Aggressionsstau und daraus resultierenden Schuldgefühlen käme.

Walter reagierte auf meine Intervention zunächst irritiert. Er wies dann aber darauf hin, er habe bei meiner Hilfe tatsächlich ein solches

»bitteres« Gefühl verspürt, als ihm klar geworden sei, dass ich für das Bewerbungsschreiben nur wenige Minuten benötigt hätte, während er trotz stundenlangen Bemühens nie einen fehlerfreien Brief zustande gebracht hätte. Gewiss kann man bei dem von mir hier gewählten Vorgehen nicht davon sprechen, die aus Walters Entwicklung herrührenden, tief in seinem Innern bestehenden und in unserer Beziehung wieder auflebenden aggressiven Gefühle seien umfänglich geklärt. Ein solches Durcharbeiten dieser Gefühlsdimension ist im Rahmen einer Psychotherapie auch nur Schritt um Schritt möglich und benötigt viel Zeit.

Doch war mit meiner Frage nach den bitteren Gefühlen, die sicher auch in ihm aufgetaucht seien, ein erster Hinweis auf die aggressive Seite seines Erlebens gegeben. Dies genügte in der beschriebenen Phase der Therapie auch völlig. Bei der großen Verletzbarkeit von Klienten wie Walter und bei ihrer Angst vor der Dimension der Aggression (deren unheilvolle Folgen sie in ihrem bisherigen Leben als Opfer wie als Täter vielfach erlebt haben) wäre es gar nicht sinnvoll gewesen, die aggressiven Gefühle, die Walter in unserer Beziehung untergründig spürte, ausführlicher zu besprechen. Eine beiläufige Erwähnung dieser Impulse in einer solchen »harmlosen« Situation bot den Vorteil, dass die Aggression zumindest einmal beim Namen genannt war. Ich hatte Walter damit signalisiert, dass ich durchaus um diese Gefühle wisse und dass auch sie Thema unserer Therapie seien. Ziel einer solchen Äußerung ist, die Aggression möglichst frühzeitig in die Diskussion hineinzunehmen und damit der Abspaltung dieser Impulse und der Entwicklung von Schuldgefühlen entgegenzuwirken.

Wie verhängnisvoll und gefährlich es sein kann, wenn wir uns als Betreuerinnen und Betreuer Straffälliger allzu »wohl« mit ihnen fühlen und uns in der Identifikation mit ihnen ihre Sicht unkritisch zu eigen machen, sei noch an einem weiteren – zugegebenermaßen extremen – Beispiel gezeigt. Herr T., ein 25-jähriger Mann, der sich mehrerer schwerer Vergewaltigungsdelikte mit erheblicher Gewalttätigkeit schuldig gemacht hatte, war während seiner Haft psychotherapeutisch betreut worden. Während eines Urlaubs beging er erneut ein Notzuchtdelikt. Bei der Gerichtsverhandlung wurde außer dem offiziellen psychiatrischen Gutachten auch ein Bericht des Psychotherapeuten eingeholt. Dieser verwies in seiner psychodynamischen Interpretation des neuen Delikts darauf, dass die Aggression des Patienten aus seiner von vielfältigen Konflikten geprägten Beziehung zur Mutter herrühre und dass angesichts seiner Biographie die Gewalttätigkeit, die der Patient an den Tag legte, eigentlich sehr »verständlich« sei. Es wurden feinsinnige Überlegungen darüber angestellt, welches die psychodynamischen Auslöser der Straftat gewesen seien. Der Psychotherapeut kam zum Schluss, dass sich das Delikt im Grunde logisch aus der spezifischen innerpsychischen und äußeren Situation ergebe, in der sich der Patient zur Zeit der Tat befunden habe. Die Therapie müsse in derselben (nicht geschlossenen!) Vollzugsanstalt unbedingt weitergeführt werden. Der Patient stelle keine besondere Gefahr für seine Umwelt dar. Die Psychotherapie laufe gut und werde die bereits bisher erreichte Stabilisierung noch weiter verbessern können.

Das den Außenstehenden an diesem psychodynamisch schlüssigen Bericht am meisten Erschütternde war die Tatsache, dass hier Patient und Therapeut sich innerlich nicht mehr voneinander abgrenzen konnten, was zu einer völligen Blindheit des Therapeuten gegenüber der sozialen Realität geführt hatte. Die »gut laufende« Psychotherapie, die »bereits erreichte emotionale Stabilisierung« und die Betonung der Ungefährlichkeit von Herrn T., der nachweislich mehrere höchst aggressive Notzuchtdelikte begangen hatte, wobei eines dieser Delikte fast zum Tod des Opfers geführt hatte – all dies waren Äußerungen, aus denen eine unkritische Haltung sprach und die erkennen ließen, dass der Therapeut die soziale Realität (nicht zuletzt auch die der potenziellen Opfer!) völlig aus den Augen verloren hatte. Auch wenn der Therapeut es nicht ausdrücklich ausführte, lief sein Bericht letztlich darauf hinaus, man müsse Herrn T. verstehen; eigentlich sei ihm angesichts seiner Biographie und seiner derzeitigen inneren und äußeren Situation doch gar keine andere Möglichkeit geblieben, als das Delikt zu begehen.

Ich habe diese im Bericht des Therapeuten enthaltene Botschaft deshalb so stark hervorgehoben, da hier die verhängnisvollen Folgen eines Distanzverlusts zwischen Patient und Therapeut meiner Ansicht nach in besonders krasser Form zutage treten und zu einem weitgehenden Realitätsverlust beider Beteiligten und zur Ausschaltung aller Selbstkritik geführt hatten. Die unheilvolle Konsequenz besteht in solchen Fällen darin, dass dadurch zum einen die psychotherapeutische Arbeit praktisch verunmöglicht wird und zum anderen die Persönlichkeitsstörung des Patienten nicht nur nicht bearbeitet, sondern sogar noch verstärkt wird.

Charakteristischerweise erwähnte der Therapeut in seinem Bericht denn auch, dass die Aggression von Herrn T. (die sich in der sozialen Realität doch in so destruktiver Form geäußert hatte) in der Institution und in der therapeutischen Beziehung nie ein Problem gewesen sei. Der Therapeut wies demgegenüber darauf hin, dass allerdings etliche Personen und Dienststellen in der weiteren Umgebung des Patienten diesem »das Leben recht schwer gemacht« und seine soziale Integration behindert hätten. Aus diesen Äußerungen wird ersichtlich, dass der Rückzug aus der Realität beim Patienten ebenso wie beim Therapeuten zu einer Abspaltung alles »Bösen« und zur Projektion der Aggression auf die »Welt draußen« geführt hatte, eine für die Psychotherapie von Herrn T. natürlich fatale Situation, da dadurch gerade die Bearbeitung zentraler pathologischer Mechanismen verunmöglicht wurde.

Glücklicherweise sehen wir uns zumeist nicht so extremen Situationen gegenüber, wie ich sie zuletzt geschildert habe. Gewiss fällt es uns auch relativ leicht, bei anderen Betreuenden derartige Fehlentwicklungen wahrzunehmen und das Unheilvolle solcher Konstellationen zu erkennen. Wir sollten uns jedoch nicht darüber täuschen, dass wir alle, die im Rahmen einer Betreuung oder Therapie mit straffälligen Klienten zu tun haben, immer wieder in der Gefahr stehen, die aggressiven Gefühle des Klienten und auch unsere eigenen Gefühle dieser Art auszublenden und uns in der Illusion zu wiegen, wir pflegten mit unserem Klienten eine »ganz harmonische Beziehung«. Wie ich an den angeführten Beispielen gezeigt habe, kann eine unkritische Identifikation mit der Sicht des Patienten für die Betreuung verhängnisvolle Konsequenzen haben und, beispielsweise im Fall von Gewaltdelikten, zu einer gefährlichen Blindheit gegenüber der sozialen Realität führen.

5 »Wenn es nur nicht diese schrecklichen Anderen gäbe«

Nach den bisherigen Ausführungen könnte der Eindruck entstanden sein, wir hätten es bei der Betreuung straffälliger Menschen nur mit ihnen selbst zu tun, sie lebten gleichsam in einem sozialen Vakuum. Dies ist jedoch keineswegs der Fall. Es ist im Gegenteil so, dass wir kaum eine Gruppe von Klienten kennen, bei denen das nähere und weitere soziale Umfeld so wichtig ist wie bei den dissozialen Menschen. Selbst wenn sie weitgehend isoliert leben und keine tragfähigen Beziehungen zu anderen Menschen unterhalten, sind sie stets doch Teil eines Beziehungsgeflechts, zu dem Arbeitskollegen, Menschen, die sie in Kneipen treffen, Eltern und Geschwister, Vermieter, Vorgesetzte, Professionelle der verschiedensten sozialen Institutionen und viele andere Menschen gehören. Häufig kennen wir als Betreuerinnen und Betreuer diese Bezugspersonen gar nicht und wissen deshalb auch nicht, welche Rolle sie im Leben unserer Klienten spielen.

Wenn wir von unseren Klienten erfahren, dass sie Kontakte zu Partnern, Angehörigen oder Mitarbeitenden verschiedener sozialer Dienste pflegen, so sind wir angesichts der zum Teil schweren Kommunikationsstörungen der Straffälligen sicherlich froh darüber, dass überhaupt derartige Kontakte bestehen. Andererseits aber erleben wir gerade bei diesen Klienten immer wieder, dass wir uns in unseren Bemühungen durch Angehörige und Freunde oder durch die Mitarbeitenden anderer Stellen, die mit ihm zu tun haben (Gerichte, Sozialdienststellen, Ärztinnen und Ärzte etc.), zum Teil erheblich gestört fühlen. In derartigen Situationen taucht in uns dann nicht selten der Gedanke auf, wir würden trotz aller Schwierigkeiten schon mit dem Klienten fertig; das Problem seien »die schrecklichen Anderen«.

Ruth, eine 35-jährige Frau, die nach einer schwierigen Kindheit und Jugend mehrfach (vor allem wegen Diebstählen) Haftstrafen verbüßt hatte, versuchte während längerer Zeit vergeblich, eine Stelle in ihrem Beruf als Verkäuferin zu finden. Die Schwierigkeiten, die sie bei der Stellensuche hatte, waren zum Teil dadurch bedingt, dass sie wegen der Haftstrafen keine Zeugnisse vorweisen konnte. Zum Teil scheiterten Anstellungen aber auch daran, wie bereits bei Markus (Kapitel 2) beschrieben, dass Ruth gekränkt reagierte und das Angebot empört zurückwies, wenn die Bedingungen nicht ganz ihren Erwartungen entsprachen. Diese Reaktion war vor allem Ausdruck ihrer Unsicherheit und Angst, den Anforderungen nicht gewachsen zu sein.

Als klar wurde, dass ein Wiedereinstieg in das Berufsleben auf dem freien Arbeitsmarkt nicht möglich war, schlug ich ihr vor, in einem ersten Schritt einen geschützten Arbeitsplatz zu suchen und dann, darauf aufbauend, Ausschau nach einer offiziellen Stelle zu halten. Dieser Vorschlag leuchtete Ruth rational durchaus ein. Sie war mit dieser Lösung insofern auch einverstanden, als ihr klar war, dass sie bei einem geschützten Arbeitsplatz weniger hohen Anforderungen ausgesetzt sein würde. Dennoch empfand sie die Aussicht auf eine solche Stelle als ausgesprochen kränkend. Nachdem wir uns in der Therapie längere Zeit mit diesen Gefühlen und den Bedingungen der sozialen Realität auseinandergesetzt hatten, war sie schließlich bereit, sich bei einer entsprechenden Institution vorzustellen.

In der folgenden Therapiestunde berichtete sie mir voller Empörung, wie »unmöglich diese Leute« dort gewesen seien: Man habe sie bei dem Vorgespräch nach Aufnahme ihrer Personalien (schon dies habe sie geärgert, es sei »so kleinkariert«, »so bürokratisch« gewesen) als Erstes gefragt, weshalb sie sich gerade für diese Institution interessiere und was sie sich von den Angeboten, die man ihr hier machen könne, verspreche. Schon das habe ihr »gereicht«, am liebsten wäre sie sofort wieder gegangen. Sie habe gleich gespürt, dass man sie in dieser Institution gar nicht haben wolle, »sonst hätten die doch nicht einen solchen Unsinn gefragt«. Ruth berichtete, sie sei dann aber doch zu einem Gespräch bereit gewesen. Die Sache sei damit jedoch noch nicht erledigt gewesen. Die Mitarbeiterin der Institution habe nämlich am Ende ihrer Unterredung gemeint, Ruth müsse noch einmal kommen und sich dem ganzen Team vorstellen. Erst dann werde über ihre Aufnahme entschieden.

Ich konnte mich in Ruth gut einfühlen und registrierte während ihrer Erzählung auch bei mir ärgerliche Gefühle. Immer wieder erlebe ich nämlich, dass in Institutionen der verschiedensten Art außerordentlich großer Wert auf die Motivation der Klienten gelegt wird und in Vorgesprächen diese Frage intensiv besprochen wird. Einerseits verstehe ich gut, dass die Zusammenarbeit mit Hochmotivierten wesentlich angenehmer ist und selbstverständlich auch höhere Erfolgschancen beinhaltet als die Aufnahme wenig motivierter Klienten. Es erscheint mir auch durchaus legitim, in einem Vorgespräch mit den Bewerbern zu klären, ob die betreffende Institution ihnen überhaupt das zu bieten vermag, was sie suchen und was ihnen weiterhilft. Andererseits hat sich in den vergangenen Jahren eine nach meiner Ansicht unheilvolle »Motivatons-Ideologie« entwickelt. Es hat mitunter den Anschein, als sei die Motivationsfrage für die Mitarbeitenden vieler Institutionen im sozialen Feld ein Angelpunkt und geradezu ein Gütezeichen ihrer Tätigkeit.

Eine solche Haltung mag bei Menschen, denen man eine klassisch-psychoanalytische Behandlung anbieten möchte, sinnvoll sein. Bei vielen anderen Patienten aber kommt der Motivationsfrage längst nicht die Bedeutung zu, die ihr heute vielfach beigemessen wird. Dies gilt in besonderer Weise für straffällige Menschen mit chronisch-dissozialen Fehlentwicklungen. Bei ihnen erscheint es mir völlig unangemessen, auf der Frage der Behandlungsmotivation »herumzureiten« (wie Ruth es erlebt und geschildert hat). Diese Klientinnen und Klienten sind von ihrer Entwicklung und ihrer spezifischen Persönlichkeitsausformung her in der Regel gar nicht in der Lage, auch nur annähernd so etwas wie Motivation aufzubringen. Wenn wir bei ihnen Motivation zur Bedingung einer Betreuung oder Therapie machen, ist dies im Grunde ein Widerspruch in sich. Wir müssen uns vielmehr in ganz pragmatischer Weise auf das »Eröffnungsmanöver« (Blanck u. Blanck, 1978) des Klienten einlassen, mit dem er sich uns präsentiert, und müssen die Schaffung von Motivation und Mitarbeitsbereitschaft als ein erstes wichtiges Teilziel unserer Begleitung sehen (Rauchfleisch, 1981/1999, 1990).

Da ich selbst, wie die Leserinnen und Leser an diesen Überlegungen sehen, der Motivationsfrage kritisch gegenüberstehe, fielen Ruths Klagen über das »umständliche« Vorgehen bei der Vorstellung bei mir auf einen fruchtbaren Boden. Ich erwähne diesen Umstand ausdrücklich, da es für mich wichtig ist, dass man sich als Betreuer von dissozialen Menschen genau Rechenschaft über die eigene Position ablegt und sich darüber klar ist, wo man sich vom Klienten »packen« lässt. Unabhängig davon, ob wir mit der eigenen Ansicht Recht zu haben meinen oder nicht, müssen wir stets hellhörig dafür sein, dass ein Klient in uns bestimmte Gefühle mobilisiert und uns in eine Rolle manövriert, die wir nicht unreflektiert übernehmen dürfen.

Auf Ruth bezogen hieß dies: Ich spürte bei mir durchaus einen ähnlichen Ärger wie die Klientin und erwähnte auch, dass ich ihre Gefühle gut verstehen könne. Dies erscheint mir insofern wichtig, als viele straffällige Menschen große Mühe haben, die eigenen Gefühle und die Empfindungen ihrer Bezugspersonen wahrzunehmen und richtig zu interpretieren. Aus diesem Grund sollte man ihnen gegenüber eigene offensichtliche Gefühlsreaktionen nicht zu verschleiern versuchen, sondern die eigene Einstellung klar formulieren. Dies bedeutet jedoch nicht, dass wir uns in unkritischer Weise mit dem Klienten gegen »die bösen Anderen« verbünden sollten. Gegen ein solches Verhalten spricht nicht nur die Tatsache, dass dies dem Klienten nichts nützte. Würden wir mit ihm zusammen eine Frontstellung gegen »die bösen Anderen« einnehmen, würde sich dies vielmehr aus verschiedenen Gründen, auf die ich noch ausführlicher eingehen werde, sogar verhängnisvoll für ihn auswirken.

Viele Klienten wie Ruth und die in den anderen Kapiteln geschilderten Straffälligen sind sehr geschickt darin, uns gefühlsmäßig in den Bereichen anzusprechen, in denen wir besonders sensibel reagieren. Ein solches Sich-Einstimmen auf den Partner mit dem Ziel, ihn für die eigenen Zwecke zu gewinnen, ist aufgrund der Lebensgeschichte dieser Menschen verständlich – war für sie in Kindheit und Jugend diese Technik doch oft eine der wichtigsten Überlebensstrategien, mit deren Hilfe sie sich im Gewirr ihrer komplizierten sozialen Beziehungen behaupten konnten. Ein Jugendlicher mit schwerer dissozialer Fehlentwicklung schilderte mir diesen Zustand einmal anschaulich mit den Worten: Das Leben sei für ihn von jeher wie ein »Dschungelkampf« gewesen, »wo in jedem Augenblick die Gefahr besteht, dass hinter einem Busch oder Baum ein Feind hervorspringt« (Heinemann et al., 2003). Es ist verständlich, dass ein Mensch mit einem solchen lebensgeschichtlichen Hintergrund dauernd »auf der

Lauer liegt« und die Bezugspersonen – und selbstverständlich auch seine Betreuer – für die eigenen Zwecke einzuspannen versucht.

Die Schwierigkeit für uns als Betreuende besteht bei dieser Klientengruppe darin, dass ihre individuellen innerpsychischen Konflikte und Verarbeitungsweisen und die sozialen Bedingungen, unter denen sie leben, eng ineinandergreifen. Wie Ruths Vorstellung bei der Institution für berufliche Rehabilitation zeigt, war das Hervorheben der Motivationsfrage eine Realität, mit der die Klientin tatsächlich konfrontiert worden war. Zugleich aber benutzte Ruth diese soziale Realität, um mich als Verbündeten gegen eine »böse Umwelt« zu gewinnen. Die Schwierigkeit für die Betreuenden liegt in einer solchen Situation darin, dass es gleichermaßen falsch gewesen wäre, Ruths Gefühle nur auf der innerseelischen Ebene, als Ausdruck eines individuellen Problems dieser Klientin, zu verstehen, oder sich als Begleiter Ruths Ansicht ganz zu eigen zu machen und das Problem ausschließlich in der Außenwelt zu suchen. Worauf es ankommt, ist einerseits, die äußere Realität wahrzunehmen und mit den Klienten zu klären, andererseits aber auch den individuellen Anteil am Konflikt zu sehen und zu besprechen.

Ruth erhielt nach einem weiteren Vorgespräch einen Platz in der Institution und begann ihre Arbeit in einem Nähatelier. Schon bald jedoch begann sie sich – zunächst indirekt, dann aber zunehmend unverhüllter – darüber zu beklagen, dass die Leiterin dieses Ateliers wenig Einfühlungsfähigkeit besitze. Sie kritisiere viel und bestehe immer wieder darauf, dass Ruth sich bei der Ausführung der Arbeiten an den Vorstellungen dieser Mitarbeiterin orientiere, obwohl es anfangs doch geheißen habe, »hier könne man kreativ arbeiten«.

Bei solchen Schilderungen spürte ich wiederum bei mir ein großes Verständnis für Ruth und ihre kritischen Gefühle der Mitarbeiterin gegenüber. Nach wenigen Wochen spitzten sich die Konflikte zwischen der Atelierleiterin und Ruth erheblich zu. Meine Versuche, mit meiner Klientin die Hintergründe dieser Probleme, vor allem auch ihre eigene extreme Kränkbarkeit bei jeglicher »Kritik« (selbst wenn es ein sehr vorsichtiger Hinweis oder Ratschlag war), zu klären, fruchteten wenig. Schließlich erhielt ich eines Tages einen Telefonanruf von Ruth, die mir voller Wut erklärte, sie werde das Nähatelier sofort verlassen, sie habe es »satt«, sich »herumkommandieren« zu lassen, jetzt »reiche« es!

Auch in dieser Situation gelang es der Klientin, in mir zwiespältige Gefühle auszulösen: Einerseits konnte ich Ruths Gefühle gut nachempfinden. Auch ich hatte aufgrund ihrer früheren Schilderungen den Eindruck gewonnen, die Leiterin des Nähateliers sei tatsächlich sehr strikt in ihrer Haltung und lasse den Angestellten wenig Spielraum für individuelle Gestaltungen, obwohl es, wie Ruth mit Recht angemerkt hatte, »offiziell« hieß, im Atelier solle vor allem eine kreative Arbeitsweise gefördert werden. Andererseits empfand ich Ruths impulsive Entscheidung, das Atelier zu verlassen, als kurzschlüssig und wenig realitätsangepasst. Der Tatsache, dass die Klientin mich über ihren Plan informierte, bevor sie handelte, entnahm ich zudem, dass sie wenigstens meine Ansicht dazu wissen wollte, vielleicht aber sogar bereit war, ihren Entschluss zu ändern. Ich teilte Ruth deshalb mit, ich fände es besser, wenn sie jetzt nicht wie schon so oft in ihrem Leben blindlings handle, sondern im Atelier bleibe. Ich würde in einer halben Stunde dorthin kommen, und wir könnten zusammen mit der Vorgesetzten das Problem besprechen. Vielleicht lasse sich dann doch noch ein allen Beteiligten akzeptabler Weg finden.

Ruth beruhigte sich im Verlauf unseres Gesprächs und willigte in meinen Vorschlag ein. Als ich einige Zeit später in der Institution eintraf, fand ich dort eine gereizte, zutiefst gekränkte, demonstrativ die Arbeit verweigernde Klientin und eine ebenso gereizte Atelierleiterin vor, die sofort begann, sich bitter über Ruths »Ansprüchlichkeit« und ihre »geringe Kooperationsbereitschaft« zu beklagen. Ruth erging sich daraufhin in außerordentlich abwertender Weise über die »angeblich therapeutischen« Ziele der Institution und äußerte sich voller Hohn darüber, wie »beschränkt« die Atelierleiterin sei und dass es ihr an jeglicher künstlerischen Fähigkeit mangle. Diese sehr provokativen und kränkenden Äußerungen lösten bei der Vorgesetzten wiederum heftige Aggressionen aus, und sie erklärte mir, auf die von Ruth halb fertiggestellte Näharbeit weisend, dass ich mich doch selbst davon überzeugen könne, wie »unfähig diese Person ist, die nicht einmal die Grundlagen beherrscht, sich hier aber als die große Künstlerin aufspielt«.

Aggression und Gegenaggression, Kränkung und Gegenkränkung – dies war die Situation, der ich mich gegenübersah. Immerhin hatte ich bei aller Heftigkeit der gegenseitigen Attacken den Eindruck, dass die Gegenwart eines Dritten, Außenstehenden, eine weitere Eskalation verhinderte. Ich sah denn auch meine vordringlichste Aufgabe darin, den aggressiven Schlagabtausch zu unterbrechen und eine weitere Zuspitzung des Konflikts zu verhindern. Glücklicherweise gelang es der Atelierleiterin denn auch, sich nicht weiter provozieren zu lassen. Infolge ihrer größeren Zurückhaltung und unterstützt durch meinen Vorschlag, den ganzen Konflikt doch einmal in Ruhe anzuschauen, beruhigte sich auch Ruth zunehmend. Das Resultat war, dass wir schließlich ein wirklich fruchtbares Gespräch zu dritt führen konnten, in dem es sowohl Ruth möglich war, ihre Erwartungen und Enttäuschungen zu formulieren, als auch der Atelierleiterin es gelang, ihr therapeutisches Konzept und ihre Arbeitsstrategie zu erklären.

Die beschriebene Situation ist in verschiedener Hinsicht charakteristisch für den Umgang mit dissozialen Klienten. Menschen wie Ruth sind wahre Meister darin zu spüren, wie sie ihre Betreuer »packen« und womit sie deren Gefühle mobilisieren können. Dabei ist charakteristisch, dass sie das Material für derartige Schilderungen aus der sozialen Realität beziehen, was ihren Berichten große Überzeugungskraft verleiht. Der Umgang mit diesen Realitätsanteilen und die Art, wie die Klienten sich uns präsentieren, sind indes durch ihre innerpsychische Situation bestimmt. Häufig finden sich Entwicklungen, wie ich sie bei Ruth beschrieben habe: Zunächst trifft der Klient mit seiner Schilderung bei uns auf einen wunden Punkt, und in uns entsteht der Eindruck, ein bestimmter Mensch im Umfeld des Klienten sei »schrecklich«. Sodann liefert uns der Klient immer und immer wieder – zum Teil in ganz subtiler Form – »Beweise« für die »Unmöglichkeit« dieser Bezugsperson. Schließlich kommt es vielleicht sogar wie bei Ruth zu einem offenen Konflikt, der noch einmal zu bestätigen scheint, dass der Klient das »arme Opfer« einer ihm böse gesonnenen Umgebung ist.

In einer solchen Situation ist es weder möglich, den Konflikt allein als innenseelisches Problem des Klienten zu verstehen, noch würde man der Realität gerecht, wenn man allein den »bösen Anderen« zum Schuldigen erklärte. In komplizierter Weise greifen vielmehr die soziale Realität und die spezifischen Erlebens- und Verhaltensweisen des Straffälligen ineinander. Eine große Schwierigkeit liegt im Allgemeinen darin, im konkreten Konfliktfall diese beiden Anteile wenigstens einigermaßen auseinanderzuhalten. Zumindest ist es wichtig, dass man sich als Betreuer darüber klar ist, dass es diese beiden Anteile gibt und dass man sich nicht unkritisch in die Schwarz-Weiß-Sicht des Klienten hineinziehen lassen darf. Damit wäre ihm der allerschlechteste Dienst erwiesen, denn dies würde zu einer weiteren Verfestigung seiner ohnehin bereits gestörten Realitätswahrnehmung und zu einem Eskalieren seines impulsiven Verhaltens führen.

Ein totales Sich-Identifizieren mit der Sicht des Klienten würde dazu führen, dass wir uns Menschen, auf deren Unterstützung wir bei der Betreuung des Straffälligen dringend angewiesen sind, zu Feinden machten. So wäre es auch unter diesem Gesichtspunkt verhängnisvoll gewesen, wenn ich Ruths Meinung über die »unmögliche« Institution unkritisch übernommen und sie beim Konflikt gar noch darin unterstützt hätte, das Nähatelier zu verlassen. Abgesehen davon, dass die Leiterin des Ateliers wohl mit Recht darüber empört gewesen wäre, dass ich, ohne dass ich genauere Informationen gehabt hätte, mich derart ablehnend ihrer Einrichtung gegenüber eingestellt hätte, hätte ein Wechsel der Institution vermutlich auch nichts gebracht, da es Klienten wie Ruth ein Leichtes ist, an der nächsten Stelle wieder die gleiche Dynamik zu entwickeln. Ich hätte durch meine unkritische Übernahme von Ruths Sicht nicht nur der Atelierleiterin Unrecht getan, sondern hätte wider Willen sogar die Rehabilitation dieser Klientin noch schwieriger gemacht, als sie ohnehin schon war.

Während die bisher geschilderten Zusammenhänge relativ offenkundig sind, gibt es im Fall eines unkritischen Eingehens auf die Sicht des Klienten eine weitere unheilvolle Konsequenz, die man leicht übersieht. Wenn ein Klient uns von anderen Bezugspersonen das Bild vermittelt, sie seien »unmöglich«, drückt er damit – zumindest indirekt – auch aus, wir seien demgegenüber viel »besser«. Dies mag uns schmeicheln – und genau hier liegt die größte Gefahr in unserer Beziehung zum Klienten: Wir fühlen uns mit ihm zusammen sehr wohl, er lobt uns, und wir danken ihm dies durch unser Wohlwollen, und tragen dadurch unversehens dazu bei, dass die »schrecklichen Anderen« in seiner (und unserer!) Sicht immer »böser« erscheinen. Wie ich es am Beispiel von Ruth beschrieben habe, ist die soziale Realität stets wesentlich vielschichtiger, als sie unsere Klientinnen und Klienten präsentieren. In der Betreuung oder Therapie sollten wir den Straffälligen gerade dabei behilflich sein, dieses Schwarz-Weiß-Erleben abzubauen und die äußere Realität und ihre eigenen Gefühle differenzierter wahrzunehmen. Eben dies verunmöglichen wir den Klienten aber, wenn wir unkritisch ihre Sicht übernehmen. Ungewollt tragen wir durch ein solches Verhalten dazu bei, dass sich ihre Spaltungstendenzen (hier die »Guten«, dort die »Bösen«) noch weiter verstärken.

Gelingt es uns, bei aller Einfühlung in die Klienten und unter Berücksichtigung unserer eigenen Gefühle doch noch eine kritische Distanz zu ihnen und zu uns selbst zu behalten, so resultieren daraus zumindest noch zwei Vorteile. Zum einen erfährt der Klient dadurch, dass man nicht beim Auftauchen der geringsten Schwierigkeit sofort impulsiv handeln muss, wie er es bisher meist getan hat, sondern dass es viel sinnvoller ist, eine Konfliktsituation zunächst einmal genauer zu betrachten und dann eine wohlüberlegte Entscheidung zu treffen.

Im Fall von Ruth wäre es beispielsweise verhängnisvoll gewesen, wenn sie in einer Kurzschlussreaktion davongelaufen wäre. Möglicherweise hätte sie sich in dem Augenblick selbst sogar »groß« gefühlt, weil sie es »denen gezeigt« hätte, dass sie mit sich nicht so »umspringen« lasse. Doch zweifellos hätte sie schon bald gespürt, dass es im Grunde ein selbstschädigendes Verhalten gewesen wäre, letztlich Ausdruck ihrer Unfähigkeit, sich im sozialen Feld angemessen zu bewegen. Was sich vordergründig als »großartiger Abgang« dargestellt hätte, wäre für Ruth – auch in ihrem eigenen Erleben – in Wahrheit das Eingeständnis ihrer Ohnmacht und Hilflosigkeit gewesen.

Zum anderen erlebt der Klient an uns beispielhaft, dass man in Bezug auf ein bestimmtes Problem sehr wohl verschiedener Meinung sein kann, aber dennoch miteinander verhandelt und am Ende sogar zu einem alle Beteiligten einigermaßen befriedigenden Kompromiss kommen kann.

Es mag wie eine Selbstverständlichkeit erscheinen, wenn wir unseren Klientinnen und Klienten gegenüber ausdrücklich darauf hinweisen, dass die Welt nun einmal nicht nur aus einfühlsamen Menschen besteht, die darauf bedacht sind, die Erwartungen der Klienten zu erfüllen. Doch ist ein solcher Hinweis bei Straffälligen oft sehr wichtig, da sie von der illusionären Annahme ausgehen, die Umwelt müsse sich (gleichsam zur »Wiedergutmachung« des ihnen in Kindheit und Jugend bis in die Gegenwart hin angetanen Unrechts) ganz auf sie einstellen, ihre Hoffnungen, Ängste und Erwartungen empathisch wahrnehmen und dementsprechend schonend mit ihnen umgehen. Eine Unterstützung dieser Sicht durch die Betreuenden wäre nicht nur insofern fatal, als die Realität gerade bei diesen Klienten genau umgekehrt aussieht. Unheilvoll wäre eine solche Aufspaltung der Welt in »ganz gut« und »ganz böse« vielmehr auch deshalb, weil sie ihre Realitätsverzerrungen weiter unterstützen, ja geradezu zementieren würde.

Es dürfte einleuchtend sein, dass das Erleben, bestimmte Menschen seien absolut »böse«, andere hingegen total »gut«, nur unter Zuhilfenahme massiver Realitätsverleugnungen möglich ist. In Wirklichkeit besteht die extreme Schwarz-Weiß-Sicht, wie viele dieser Klienten sie wahrzunehmen meinen, nie. Die Menschen ihrer Umgebung besitzen sowohl »gute« Anteile (das heißt sie sind einfühlsam, die Klienten unterstützend, sie fördernd) als auch »böse« Seiten (das heißt im Erleben der Klienten: Sie kritisieren sie, hemmen ihre Aktivitäten, lehnen sie vielleicht sogar ab). Wenn es Ziel der Betreuung ist, den Straffälligen dabei behilflich zu sein, mehr Zugang zum eigenen Erleben zu finden und eine bessere soziale Integration zu erreichen, so muss es unser Anliegen sein, gerade derartigen Aufspaltungen in »gut« und »böse« entgegenzuwirken. Gelingt dies nicht und übernehmen wir als Betreuende unkritisch die Sicht der Klienten, so treiben wir sie immer tiefer in ihre Fehlentwicklung hinein.

An dieser Stelle unserer Überlegungen erhebt sich die Frage, wie wir derartige unheilvolle Entwicklungen vermeiden können. Bei der Schilderung von Ruths Verhalten im Nähatelier habe ich darauf hingewiesen, dass sie mit ihrer Kritik an dem Motivationskonzept, das in dieser Institution tatsächlich eine zentrale Rolle spielte, bei mir einen sensiblen Punkt getroffen hatte, was zur Folge hatte, dass ich mich in großem Einverständnis mit meiner Patientin fühlte. Eine derartige Übereinstimmung der Meinung ist an sich in keiner Weise schlimm. Zum einen entspricht sie der Realität von Betreuer und Klient, zum anderen liegt darin durchaus auch ein beziehungsstiftendes Element. Problematisch wird die Situation jedoch in dem Moment, in dem wir als Betreuer die Sicht des Klienten unkritisch übernehmen.

Aus diesem Gedanken leitet sich als erste Strategie zur Vermeidung von Spaltungen, die die Betreuenden und die Klienten gemeinsam vornehmen, die Forderung ab, dass die Betreuerinnen und Betreuer ihre eigenen Gefühle und Reaktionen unbedingt kritisch reflektieren müssen. Wie ich ausgeführt habe, sollten wir immer dann besonders hellhörig werden, wenn wir uns mit den Klienten »allzu wohl« fühlen und den Eindruck gewinnen, andere Menschen im Umfeld der Klienten seien »unmöglich«. Häufig ist ein solches Gefühl Ausdruck dafür, dass wir der Verführung der Klienten (die uns durch das betont negative Beispiel der »bösen Anderen« zu den »ganz Guten« machen, was uns natürlich schmeichelt) erlegen sind und ihre Spaltungstendenzen unterstützen. Sobald wir unsere eigene Haltung anderen Bezugspersonen gegenüber überprüft haben, stellen wir in der Regel fest, dass es eine allzu einseitige Sicht war, die wir unkritisch von den Klienten übernommen haben.

Da bei straffälligen Menschen die soziale Realität und ihre innerpsychischen Probleme eng miteinander verquickt sind, fällt es, wie auch gerade das Beispiel von Ruth zeigt, oft ausgesprochen schwer, diese beiden Anteile auseinanderzuhalten. Vor allem muss man berücksichtigen (und auch dafür ist Ruths Konflikt beispielhaft), dass die Klienten ihre Mitmenschen oft so zu konstellieren vermögen, dass diese sich genau so verhalten, wie es der Straffällige erwartet. Auch wenn es dann für die Klienten eine bittere, sie kränkende Erfahrung ist, suchen sie – unbewusst – immer wieder nach der Bestätigung ihres negativen Bildes von der Welt, da ihnen dies als das von jeher Erfahrene, das ihnen Bekannte Sicherheit vermittelt (vgl. Kapitel 3).

Angesichts dieser komplizierten Verquickung zwischen der subjektiven psychischen Situation der Klienten und der sozialen Realität scheint mir die zweite wirksame Strategie zur Vermeidung gemeinsamer Spaltungen zu sein, dass wir als Betreuende die anderen Bezugspersonen der Klienten persönlich kennenlernen. Im Fall von Ruth geschah dies fast schon zu spät. Eigentlich wäre es sinnvoll gewesen, wenn ich schon früher Kontakt mit der Leiterin des Näheateliers aufgenommen und mit ihr und Ruth zusammen ein Gespräch geführt hätte. Dass sich in diesem Fall der Konflikt doch noch in konstruktiver Weise lösen ließ, war vor allem der Souveränität der Vorgesetzten, die sich in der Situation zusammen mit mir nicht weiter provozieren ließ, und der doch schon etwas gestärkten Frustrationstoleranz von Ruth zu verdanken, die zumindest in meiner Gegenwart die ihr sehr unangenehme, spannungsreiche Situation durchzuhalten vermochte.

Wie das geschilderte Beispiel zeigt, ist es bei der Betreuung straffälliger Menschen oft notwendig, sich direkt in das soziale Feld dieser Klienten zu begeben und ihnen dort bei der Lösung von Konflikten Unterstützung zu bieten. Gewiss darf daraus weder eine Verwöhnung noch eine Bevormundung werden. Beides würde im Widerspruch stehen zum Ziel der Betreuung: der Verselbstständigung der Klienten. Doch ist es in Krisensituationen wichtig, dass die Betreuenden direkt intervenieren. Diese Feststellung gilt ausdrücklich auch für Psychotherapien im engeren Sinne, die nach meiner Erfahrung bei diesen Klienten nicht möglich sind, wenn der Therapeut nicht bereit ist, sich auch auf die soziale Realität seines Patienten einzulassen (»bifokales Behandlungskonzept«, Rauchfleisch, 1996, 1999).

Lernen sich Betreuende und Mitarbeitende anderer Institutionen, die mit den Klienten zu tun haben, persönlich kennen, so liegt darin der große Vorteil, dass es viel weniger leicht zu Spaltungsprozessen der beschriebenen Art kommen kann. Zum einen haben die Beteiligten zumindest ein ungefähres Gefühl dafür bekommen, wie die oder der andere denkt und empfindet. Zum anderen wirkt die in einem solchen Gespräch zu dritt erlebte Gemeinsamkeit schon von sich aus allfälligen Spaltungen in »gut« und »böse« entgegen. Hinzu kommt, dass es im Fall von Konflikten im Allgemeinen auch nicht zu so brisanten Situationen kommt, wie ich sie bei Ruth beschrieben habe. In der Regel werden die Betreuenden und die anderen Bezugspersonen viel eher mit den Klienten zusammen die Situation zu klären versuchen.

Schließlich ist es für den Betreuer (vor allem, wenn er seine Tätigkeit auch unter einem therapeutischen Gesichtspunkt betrachtet) sehr hilfreich, wenn er die anderen Personen, die im Leben des Straffälligen eine wichtige Rolle spielen (und dazu gehören außer den Professionellen auch Angehörige und Freunde des Klienten), persönlich kennt und den Klienten im Umgang mit ihnen erlebt hat. So gab uns beispielsweise Ruths Verhalten, das ich bei der Auseinandersetzung mit der Nähatelierleiterin miterlebt hatte, Material für etliche Therapiestunden. Insbesondere konnten wir an diesem Beispiel besprechen, wie stark Ruth selbst ihre Bezugspersonen konstelliert, so dass diesen beim besten Willen oft keine andere Möglichkeit bleibt, als die ihnen zugewiesene Rolle des »ganz Bösen« zu übernehmen. Wie diese Hinweise zeigen, ist es bei Klienten dieser Art äußerst fruchtbar und für den psychotherapeutischen Prozess wichtig, wenn wir die Straffälligen, mit denen wir arbeiten, in ihrem sozialen Feld persönlich erleben.

In diesem Zusammenhang ist noch darauf hinzuweisen, dass es zwar, wie ich dargestellt habe, sehr sinnvoll ist, Kontakt zu anderen Betreuern aufzunehmen. Dies sollte jedoch nie »hinter dem Rücken« der Klienten erfolgen. Ich teile deshalb den Klienten und ihren Bezugspersonen zu Beginn der Behandlung mit, dass ich gerne bereit bin, mit Angehörigen und Mitarbeitenden anderer Institutionen Kontakt aufzunehmen, dass ich dies jedoch nur im Einverständnis und in Gegenwart der Klienten tun möchte. Dabei lege ich Wert darauf, dass der Klient in meinem Zimmer anwesend ist, damit er hört, was ich sage. Diese Regel mag pedantisch wirken. Es ist jedoch wichtig, dass man als Betreuer gerade bei diesen Klienten, über die eine Fülle von Informationen in den verschiedensten Institutionen vorliegt und die aufgrund ihrer Lebensgeschichte zu einem mitunter extremen Misstrauen neigen, auf größte Transparenz achtet. Charakteristischerweise sind viele dieser Klienten einerseits sehr misstrauisch, andererseits aber ausgesprochen vertrauensselig und geben Betreuern und Therapeutinnen mitunter einen »Blankoscheck« im Hinblick auf allfällige Kontakte zu anderen Stellen. Man sollte sich hüten, auf eine solche Verführung einzugehen, da das scheinbar grenzenlose Vertrauen der Klienten nur eine Seite ist und dahinter völlig gegenteilige Gefühle liegen, nämlich geradezu ein »Ur-Misstrauen«.

Die folgende Episode aus der Behandlung von Klaus, einem 32-jährigen, mehrfach straffälligen Mann, war für mich in dieser Hinsicht besonders eindrücklich. Nach wiederholten Haftstrafen wurde diesem Klienten bei erneuter Straffälligkeit (er hatte wiederum eine Fülle von Einbrüchen begangen) vom Gericht eine ambulante Psychotherapie auferlegt. Im Vorgespräch betonte Klaus, dass er sehr gerne diese Therapie aufnehme, er spüre selbst, dass er mit sich »ins Reine kommen« müsse. Außerdem sei er froh, gerade bei mir einen Therapieplatz gefunden zu haben. Auf der einen Seite ist ein solcher Einstieg in eine Psychotherapie bei diesen Klienten ungewöhnlich, lassen sie doch in der Regel zu Beginn der Behandlung keine beziehungsweise eine nur geringe Mitarbeitsbereitschaft erkennen (was jedoch keineswegs bedeutet, dass man beim Fehlen einer solchen offensichtlichen Motivation einen solchen Klienten nicht behandeln könnte). Auf der anderen Seite war das Verhalten von Klaus insofern charakteristisch für Klienten dieser Art, als er zu einer ausdrücklichen Idealisierung des Therapeuten neigte. Dies sollte ellhörig dafür machen, dass möglicherweise dahinter ganz andere, nämlich aggressive, Gefühle stehen.

Als ich dem Patienten in unserem ersten Gespräch mitteilte, dass ich zwar prinzipiell Kontakt mit Drittpersonen (bei ihm etwa mit dem Schutzaufseher, dem Gericht, aber auch mit Angehörigen) aufzunehmen bereit sei, ein solches Gespräch aber nur in Gegenwart von ihm führen wolle, reagierte er darauf mit dem Hinweis, er habe volles Vertrauen zu mir, ich dürfe mit jedem, mit dem ich wolle, über ihn sprechen. Es sei in keiner Weise nötig, dass er dabei anwesend sei, er sei absolut sicher, dass alles, was ich täte, zu seinen Gunsten geschehe, und dass ich bezüglich Informationen über ihn Drittpersonen gegenüber verschwiegen sei. Klaus gab mir damit quasi einen Freipass für sämtliche Kontakte zu Drittpersonen und schien ein absolutes Vertrauen in mich zu signalisieren. Eine völlig andere Facette seines Erlebens wurde jedoch sichtbar, als er unvermittelt hinzufügte: Bei einem anderen Therapeuten, den er früher einige Male aufgesucht habe, sei er allerdings in dieser Hinsicht sehr enttäuscht worden. Der Therapeut habe ihn in einer Sitzung auf ein Thema angesprochen, das der Klient unmittelbar vorher zu Hause mit der Ehefrau diskutiert habe. Er sei überzeugt, dass der Therapeut hinter seinem Rücken mit der Ehefrau gesprochen, ihm dies aber nicht gesagt habe. Wie sich im weiteren Gespräch herausstellte, hatte Klaus niemals auch nur den geringsten Versuch unternommen, seinen Verdacht mit dem Therapeuten offen zu diskutieren. Er hatte vielmehr die Behandlung bei ihm ohne weitere Erklärung abgebrochen.

Wie diese Episode zeigt, liegen unkritisches Vertrauen und höchstes Misstrauen bei diesen Klienten sehr eng beieinander. Es wäre deshalb verhängnisvoll, wenn man als Betreuer oder Therapeut der Verführung, die auch Klaus mir gegenüber anwendete, erläge und, wie mein Klient es mir anbot, Kontakt zu Drittpersonen aufnähme, ohne den Klienten darüber zu informieren und ihn persönlich bei der Unterredung anwesend sein zu lassen. Obwohl Klaus vordergründig betonte, ich dürfe in dieser Hinsicht tun, was ich wolle, signalisierte er mir durch die Begebenheit mit dem früheren Therapeuten doch zugleich in eindrücklicher Weise, dass er meine Strategie, alle Beziehungen transparent zu halten, für richtig halte. Wie das geschilderte Beispiel zeigt, sind derartige Interaktionen immer auch mit Spaltungen verbunden: Im Fall von Klaus war ich (zumindest im Moment) der »ganz Gute«, an den er sich vertrauensvoll anlehnte, während der frühere Therapeut als der »ganz Böse« erschien, der den Klienten angeblich hintergangen hatte.

Situationen der geschilderten Art zeigen, dass es gerade bei der Betreuung dissozialer Klienten wichtig ist, dass wir unsere Beziehungen zu ihnen unter allen Umständen transparent halten. Kontakte zu Angehörigen und Mitarbeitenden anderer Stellen sind zwar zum Teil unbedingt notwendig. Doch sollte der Klient darüber jeweils genau informiert sein und Form und Inhalt dieser Kontakte selbst mitgestalten. Auf diese Weise wird zum einen seine Selbstständigkeit gefördert. Zum anderen wirkt eine derartige Transparenz in den Beziehungen aber auch der Ausbildung der beschriebenen Spaltungsprozesse entgegen.

Das konkrete Vorgehen in solchen Situationen kann etwa folgendermaßen aussehen: Wenn es um Fragen geht, die außer dem Klienten und mir auch noch Angehörige oder Mitarbeiter anderer Institutionen betreffen, so lade ich im Einverständnis mit dem Klienten alle Beteiligten zu einer gemeinsamen Sitzung ein. Der Klient muss auf jeden Fall selbst dabei anwesend sein. Die Themen und auch die Rollen, die er und ich bei dieser Sitzung einnehmen sollen, bespreche ich allerdings mit dem Klienten im Vorfeld des Treffens sorgfältig, unter Umständen in mehreren Therapiestunden. Oft tauchen bei solchen Vorgesprächen psychodynamisch wichtige Themen auf, und es werden Erwartungen und Ängste deutlich, die wir bereits im Vorfeld eines solchen Zusammentreffens klären und bearbeiten können.

Das Prinzip, den Klienten bei jedem Gespräch, das ich mit Drittpersonen führe, anwesend sein zu lassen, befolge ich auch, wenn mich beispielsweise eine Bezugsperson anruft oder er mich bittet, zu jemandem Kontakt aufzunehmen. Ich möchte, dass der Klient in diesem Fall in meinem Zimmer anwesend ist und direkt hört, was ich sage. Mitunter verlaufen solche Telefongespräche auch so, dass ich der Drittperson nach einem kurzen Gespräch mitteile, dass ich das bisher

Diskutierte jetzt erst noch gerne mit dem Klienten weiter besprechen möchte und dann in wenigen Minuten wieder zurückriefe.

Der Sinn eines solchen Vorgehens liegt darin, dem oft ausgeprägten Misstrauen dieser Klienten entgegenzuwirken. Außerdem möchte ich durch mein Verhalten vermitteln, dass der Klient in jeder Situation, selbst wenn ich etwas »für« ihn tue, als aktiver Partner angesprochen ist und sich nicht in einer infantil-anklammernden Weise an den Therapeuten hängen kann. Selbst wenn ich aktiv bin, trägt er doch die Verantwortung für das, was wir tun, mit.

Gar nicht selten kommt es vor, dass ich etwa in einem ersten Schritt mit einer Person seines sozialen Umfeldes spreche, zum Beispiel mit dem Arbeitgeber oder dem Mitarbeiter einer Sozialdienststelle, dann aber – eventuell nach einem kurzen eingeschalteten Gespräch mit dem Klienten – diesen auffordere, die weitere Verhandlung mit der anderen Person selbst zu übernehmen. Das Beispiel zeigt, dass selbst ein manifestes Handeln des Therapeuten für den Klienten nicht bedeuten muss, dass der Klient damit infantilisiert wird und sich völlig der Verantwortung für die Situation entziehen kann. Im Hinblick auf das Ziel, das wir in der Therapie oder Betreuung solcher Klienten verfolgen, nämlich ihre Angst- und Spannungstoleranz zu stärken, kann der erste vom Therapeuten geführte Teil eines solchen Telefongesprächs die Voraussetzungen dafür schaffen, dass der Klient im zweiten Teil trotz seiner Ängste und Unsicherheitsgefühle selbst aktiv wird. Dabei wirkt es sich oft hilfreich aus, dass der Therapeut bei einem solchen Gespräch des Klienten anwesend ist, ihm gleichsam durch seine Präsenz den Rücken stärkt.

Ein nächster Schritt im Sinne der Verbesserung der Spannungstoleranz kann der sein, dass ich einen solchen Telefonanruf mit dem Klienten vorbespreche und ihn dann die ganze Diskussion mit der anderen Person allein führen lasse und dies notfalls auch mit einem gewissen Nachdruck von ihm fordere. Mitunter versuche ich solche für den Klienten vielleicht anfangs sehr unangenehmen Situationen dadurch etwas zu entschärfen, dass ich sie ausdrücklich als eine Art Experiment, als fast so etwas wie einen »sportlichen Wettkampf« deklariere und damit an die Eigenverantwortung des Klienten appelliere. In einer nochmals späteren Phase der Therapie ist es dann unter Umständen nur noch nötig, in der Sitzung mit dem Klienten die wichtigsten Aspekte seines Gesprächs mit einer anderen Person durchzugehen und den weiteren Ablauf ihm völlig selbst zu überlassen. Oberstes Ziel bei diesem Vorgehen ist die Verbesserung der Angst- und Spannungstoleranz und die Förderung der Selbstständigkeit des Klienten.

6 »Und immer wieder Alkohol«

Spricht man mit Betreuenden und Therapeutinnen und Therapeuten von straffälligen Menschen, so wird häufig als ein zentrales Problem der Alkohol genannt. Bezeichnenderweise wird dabei im Allgemeinen nicht von Sucht gesprochen, sondern darauf verwiesen, dass das Problem im häufigen, zum Teil exzessiven Alkoholkonsum liege. Dies ist insofern richtig, als es glücklicherweise oft nicht ein süchtiges Verhalten im strengen Sinne ist, mit den dafür typischen Merkmalen des unwiderstehlichen Wunsches oder Zwanges, die Substanz einzunehmen, des Bestrebens, die Dosis zu erhöhen, sowie der seelischen und körperlichen Abhängigkeit von der Wirkung der Substanz beziehungsweise entsprechenden Entzugssymptomen, falls die Substanz nicht zugeführt wird. Doch stellt der Alkoholkonsum an sich für viele Dissoziale und ihre Betreuer ein großes Problem dar.

Beschäftigt man sich mit dem Phänomen Alkohol, so muss man sich darüber klar sein, dass er stets eine Doppelrolle spielt: Einerseits ist Alkohol ein *Suchtmittel* und führt bei starkem Konsum zu körperlichen und seelischen Beeinträchtigungen. Andererseits erfüllt der Alkohol für den Konsumierenden wichtige Funktionen zur *Erhaltung seines inneren und äußeren Gleichgewichts.* Deshalb kann man mit Recht die Alkoholabhängigkeit sogar als »Selbstheilungsversuch« bezeichnen (Battegay, 1982). Die Konsequenz aus diesen Überlegungen lautet, dass es zwar wichtig ist, einen Menschen, der in erhöhtem Maße dem Alkohol zuspricht, vom Trinken wegzubringen. Dies ist jedoch nur möglich und vertretbar, wenn man zuvor die Ursachen, welche zum Konsum geführt haben, behoben hat beziehungsweise wenn der Klient andere, tauglichere und weniger selbstdestruktive »Überlebensstrategien« erworben hat. Nimmt man diese Überlegungen ernst, so kann man mit Recht die Ansicht vertreten, in Betreuungen und Therapien solle nicht der Alkoholkonsum selbst das zentrale Thema sein, sondern es gehe um eine Bearbeitung der ihm zugrunde liegenden Probleme.

Ich stimme dieser Auffassung völlig zu. Zugleich sehe ich bei dissozialen Klienten jedoch die Notwendigkeit, diese Sicht insofern etwas zu relativieren, als man bei ihnen stets berücksichtigen muss, dass der Alkoholkonsum seinerseits oft auch Ursache für weitere soziale Probleme ist. Dies wird schon am trivialen Beispiel des Klienten offenkundig, der zur Bekämpfung seiner Hemmungen abends in der Kneipe viel Alkohol trinkt, deshalb morgens nicht pünktlich aufwacht und daraufhin an der Arbeitsstelle Probleme bekommt. Hier resultieren aus den persönlichen Schwierigkeiten (Hemmungen im sozialen Kontakt), welche die Ursache des Trinkens sind, sekundäre Folgen (Probleme an der Arbeitsstelle), die ihrerseits wiederum den Alkoholkonsum verstärken können (etwa Trinken aus Verzweiflung darüber, dass dem Klienten schließlich gekündigt wird).

Vorrangig vor jeder Therapie oder Beratung in Bezug auf den Alkoholkonsum eines Klienten ist, dass die Betreuenden zu klären versuchen, welche Funktion der Alkohol für diesen Menschen erfüllt. Im Folgenden seien einige der wichtigsten genannt:

Eine erste, allgemeinste Funktion ist der Alkoholkonsum eine Art *Selbstheilungsversuch.* Er ermöglicht es dem betreffenden Menschen, in einer Situation zu überleben, deren Verarbeitung ihm ohne dieses Hilfsmittel nicht möglich wäre.

Damit hängt zusammen, dass der Alkohol *Schutz vor unerträglichen Gefühlen* bietet. Gerade die dissozialen Menschen sind vielfach, zum Teil von frühester Kindheit an, erfüllt von Gefühlen, denen sie in keiner Weise gewachsen sind. Angst, Depression, Hilflosigkeit und innere Leere werden von ihnen charakteristischerweise geradezu wie eine existentielle Bedrohung erlebt und lösen panikartige Zustände aus. In dieser Situation bietet ihnen der Alkohol – zumindest solange seine Wirkung anhält – tatsächlich einen gewissen Schutz.

Abgesehen von solchen Unlustgefühlen empfinden dissoziale Menschen sich mitunter auch durch positive Gefühle wie Liebe, Begeisterung und Freude total verunsichert. Dies mag paradox erscheinen. Doch hat das Beispiel von Claudia (s. Kapitel 3) gezeigt, dass »gute« Erfahrungen nicht immer als Entlastung, sondern mitunter gerade umgekehrt als besondere Belastung erlebt werden, nicht zuletzt deshalb, weil sie das bisherige Weltbild einer solchen Klientin total in Frage stellen. Auch in einer solchen Situation kann der Alkohol eine wirksame Hilfe darstellen, indem er die betreffenden *Gefühle betäubt und vom Erleben fernhält*. Damit sind zugleich auch die Ursachen der zugrunde liegenden Konflikte überdeckt und entschärft.

Der Alkohol kann dem Straffälligen dazu verhelfen, dass er manche Gefühle *auftauchen lassen kann*, deren Äußerung ihm aufgrund vielfältiger Hemmungen und Konflikte normalerweise nicht möglich ist, und entsprechend handelt, zum Beispiel seine Zuwendungswünsche artikuliert, seine Verzweiflung äußert, seine Insuffizienzgefühle abschüttelt und sich grandios aufbläht.

Eine spezielle Variante der zuletzt erwähnten Dynamik ist bei einer Reihe von dissozialen Klienten die, dass sie mit der Zeit gelernt haben, den Alkohol gezielt zur *Enthemmung* einzusetzen, und dann unter Umständen unter Alkoholeinfluss Delikte begehen.

Bei einer tiefenpsychologischen Betrachtung der Funktionen, die der Alkohol erfüllt, kann man sagen, dass er oft auch *stellvertretend für eine frühe Bezugsperson* des Klienten steht. Der heutige Umgang mit dem Alkohol entspricht der tatsächlich erlebten Beziehung zu solchen Personen in der Kindheit sowie dem Versuch, diese alten Beziehungserfahrungen heute unter Zuhilfenahme des Suchtmittels anders zu gestalten. Dabei ist charakteristisch, dass der Alkohol (wie die frühe Bezugsperson) von den Klienten zwiespältig erlebt wird: Einmal besitzt er eine »nur gute« Qualität (»nährend«), ein anderes Mal steht die »nur böse« Seite (»vergiftend«) im Vordergrund. Der Alkohol erscheint einem solchen Menschen insofern »besser« als die realen Partner aus Vergangenheit und Gegenwart, als er vollkommene Verfügungsgewalt darüber zu besitzen meint. Umso kränkender ist dann das Erleben der Abhängigkeit vom Suchtmittel.

Eine Hilfe stellt der Alkohol für die dissozialen Klienten auch insofern dar, als er es ihnen ermöglicht, die *kritischen, sie entwertenden Stimmen im eigenen Innern* – zumindest während der Alkoholwirkung – *zum Schweigen zu bringen*. Es wäre nach meiner Beobachtung eine völlig falsche Sicht anzunehmen, Straffällige besäßen kein Gewissen, sie seien skrupellos und zu keinerlei Selbstkritik fähig. Das Gegenteil ist der Fall! Diese Menschen stehen sogar unter einem extremen Gewissensdruck und neigen zu starken Selbstentwertungen (vgl. die theoretischen Ausführungen in Kapitel 11). Der Alkohol bietet einen wirksamen Schutz gegen diese Selbstentwertungen und Insuffizienzgefühle, deren sich der Straffällige sonst kaum zu erwehren vermag. Fatal ist dabei indes, dass nach dem Rausch die Selbstvorwürfe wieder umso heftiger hervorbrechen und nun auch noch die Tatsache des Alkoholkonsums in die Liste des eigenen »Versagens« aufgenommen wird.

Es ist nicht zu vergessen, dass der Alkohol für eine Reihe von Menschen eine wichtige Funktion im sozialen Bereich erfüllt. Zum einen ist er in verschiedener Hinsicht ein *Kontaktstifter:* Man trifft wzwischenmenschlichen Kontakt; und er ist beispielsweise beim Stammtisch oder in einer bestimmten sozialen Gruppe ein wichtiges Element im Kommunikationsprozess. Zum anderen kann Alkohol im sozialen Bereich auch insofern eine wichtige Rolle spielen, als er *Insuffizienzgefühle* (unter denen gerade viele straffällige Menschen sehr leiden) und *soziale Ängste überdeckt* und den betreffenden Menschen hilft, sich während der Intoxikation »großartig« zu fühlen. Dabei ist nicht unerheblich, dass das Trinken von Alkohol in der öffentlichen Meinung vielfach ein Statussymbol darstellt und als Zeichen besonderer Männlichkeit gilt. Aus den genannten Gründen sind gerade die Straffälligen angesichts ihrer Unsicherheit im sozialen Feld und infolge ihrer Beziehungsstörungen besonders gefährdet, Alkohol im Übermaß zu konsumieren.

Betrachtet man diese sicher längst noch nicht vollständige Übersicht über die Hauptfunktionen, welche der Alkohol für den straffälligen Menschen erfüllen kann, so wird deutlich, dass es außerordentlich wichtig ist, sich bei der Betreuung solcher Klienten dieser Hintergründe bewusst zu sein und das Problem des Alkoholkonsums – trotz all seiner unheilvollen Folgen – nicht in moralisierender Weise auf der Ebene von »gut« und »böse« zu diskutieren.

Neben allen theoretischen Erwägungen stellt sich die Frage, wie wir in der Praxis mit dem Alkoholkonsum unserer Klienten umgehen. Dabei müssen wir von der Doppelrolle ausgehen, welche der Alkohol spielt: einerseits Suchtmittel, das direkte körperliche und psychische Schäden bewirkt und sekundäre Folgen nach sich zieht (Arbeitsprobleme, finanzielle Überschuldung etc.), andererseits Schutz vor dem drohenden seelischen Zusammenbruch und insofern Selbstheilungsversuch. Als Erstes gilt es, dem Klienten diese Doppelrolle verständlich zu machen. Gelingt dies, so ist damit zweierlei gewonnen:

– Zum einen ist damit der Alkoholkonsum als Problembereich definiert und kann vom Klienten nicht mehr bagatellisiert und als »Ausrutscher« rein zufälliger Art beiseite geschoben werden. Betreuende und Klienten müssen sich den hinter dem Konsum liegenden Problemen zuwenden.

– Zum anderen ist durch die Anerkennung des Alkohols als Schutz vor einer Dekompensation die Diskussion weggebracht von der Ansicht, es sei allein eine Frage des »Willens« oder der »Charakterstärke«, ob jemand trinke oder nicht. Damit ist auch die stark moralisierende Argumentationsebene von »gut – böse« verlassen, die sich für den Klienten negativ auswirkt, weil durch jeden »Rückfall« sein ohnehin schwaches Selbstwertgefühl noch weiter beeinträchtigt wird. Wichtig ist vielmehr, dass der Klient bei allem Bemühen, den Alkohol zu meiden, begreift, dass selbst erneute »Abstürze« insofern einen Sinn haben, als sie Betreuer und Klient nachdrücklich auf bisher noch nicht gelöste Probleme hinweisen. Dies kann beim Dissozialen ein erster Schritt zur Einsicht sein, dass er nicht ausschließlich gegen eine böse Umwelt kämpft und alles gut wäre, wenn nur die äußeren Bedingungen stimmten, sondern dass sein deliktisches Handeln, seine sozialen Schwierigkeiten und auch der Alkoholkonsum Ausdruck von dahinter liegenden inneren Konflikten sind, die es zu lösen gilt.

Von der Benennung der hinter dem Alkoholkonsum liegenden Probleme bis zu ihrer Lösung ist es zwar noch ein weiter Weg. Doch ist bereits eine wichtige Einsicht gewonnen und das Verhalten des Klienten ist wenigstens ein Stückchen weiter in seine eigene Verfügungsgewalt gestellt, wenn er begreift, dass er nicht »zufällig« trinkt. Da der Alkohol die zugrunde liegenden Konflikte und Gefühle zudeckt, ist es zu ihrer Bearbeitung notwendig, dass der Straffällige mehr oder weniger (soweit es seine Spannungstoleranz erlaubt) auf das Suchtmittel verzichtet, da erst dann die Hintergründe deutlicher sichtbar und für ihn selbst erlebbar werden.

Der Weg, den die Betreuenden mit den Klientinnen und Klienten beschreiten müssen, bewegt sich, bildhaft gesprochen, auf einem schmalen Grat zwischen Überforderung, weil der Straffällige mit ihm noch unerträglichen Gefühlen konfrontiert ist, und allzu großer

[Handschriftliche Randnotiz:] Wille/Charakterstärke = Illusion → zugrunde liegt Motiv-Gefüge

Schonung, da in diesem Fall die Konflikte zugedeckt bleiben und dementsprechend der Alkoholkonsum fortgesetzt wird.

Kontroverse Ansichten bestehen bei den Professionellen häufig im Hinblick auf die Frage, ob man mit einem durch Alkohol, Tabletten oder Drogen intoxikierten Klienten ein Beratungsgespräch führen solle oder nicht. Es gibt Fachleute, die sich strikt weigern, derartige Sitzungen abzuhalten, und dies zum Teil den Klienten auch bereits bei Beginn der Betreuung als eine der »Spielregeln« mitteilen. Ihr Argument lautet: Der intoxikierte Klient sei im Allgemeinen nicht in der Lage, ein kohärentes Gespräch zu führen. Er könne weder eigene Anliegen richtig formulieren, noch sei er fähig, die Äußerungen seines Gegenübers aufzunehmen. Es sei insofern eine »nutzlos vertane Zeit«, sich mit ihm abzugeben.

Demgegenüber gibt es andere Betreuer, die ein Gespräch mit dem Klienten auch im intoxikierten Zustand, zumindest solange er nicht volltrunken oder unter Drogeneinfluss völlig »zu« ist, für durchaus sinnvoll halten. Ich selbst neige zur zweiten Ansicht.

Auch wenn es für uns als Betreuende und Therapeuten zweifellos unangenehm ist, einem intoxikierten Klienten gegenüberzusitzen, sind es nach meiner Erfahrung oft therapeutisch gerade besonders wichtige Episoden, in denen ein Klient beispielsweise in alkoholisiertem Zustand erscheint oder unter Alkoholeinfluss auf andere Weise mit uns Kontakt aufnimmt. Ich möchte dies an einem Beispiel veranschaulichen.

Dem 27-jährigen Paul war, als er nach Verbüßung mehrerer Haftstrafen erneut straffällig geworden war (Sachbeschädigung, Körperverletzung und Einbrüche) vom Gericht eine ambulante Psychotherapie auferlegt worden. Immer wieder kam es bei ihm zu erheblichen Alkoholexzessen, in deren Verlauf er sich in Schlägereien verwickelte und einmal auch eine Frau in sexueller Absicht attackierte. Während der Woche konnte sich Paul zumeist einigermaßen halten. An den Wochenenden jedoch trank er – wie er selbst sagte: weil alles so leer sei – große Mengen Alkohol und gab dabei weit mehr Geld aus, als er es sich eigentlich leisten konnte, weil er nicht nur den eigenen Konsum zahlte, sondern sich auch Freunde zu erwerben und Ansehen zu finden versuchte, indem er die anderen Gäste in seinem Stammlokal großzügig einlud. Eine fatale Konsequenz dieser »Abstürze« war, dass er am folgenden Tage jeweils unfähig war, einer Arbeit nachzugehen. Es war deshalb wiederholt zu Kündigungen gekommen, und seine soziale Situation war, als ich mit ihm zusammentraf, ausgesprochen prekär.

Die Therapie verlief mit diesem Klienten ähnlich wie mit den meisten dieser Art: Er erschien anfangs vielfach nicht zu den abgemachten Terminen, stand dafür aber immer wieder, vor allem bei Konflikten mit Arbeitgebern oder anderen Bezugspersonen, plötzlich unangemeldet vor der Tür. Seiner Umwelt gegenüber empfand er sich einerseits wie ein »Sauhund«, wie jemand, »mit dem natürlich keiner etwas zu tun haben will«, wie er es selbst formulierte. Andererseits aber begehrte er unversehens heftig auf gegen die Missachtung und Abwertung, die er zu erfahren glaubte, und reagierte schon auf die geringste, oft nur vermeintliche, Kränkung mit großer Aggressivität. In solchen Augenblicken stand er unter dem Eindruck, er sei völlig berechtigt, sich »gegen die Unverschämtheit der anderen zu wehren«, er lasse sich nicht »wie den letzten Dreck behandeln«.

In den Therapiestunden präsentierte Paul, abgesehen von einer gelegentlichen dysphorischen Gereiztheit, die sich aber immer auf andere Personen bezog, über die er sich ärgerte, eine ausgesprochen hilfsbedürftige Seite und vermied jegliche Auseinandersetzung mit mir. Angesichts seines Verhaltens außerhalb der Therapie war mir klar, dass bei ihm ein erhebliches Aggressionspotenzial bestand. Diese Impulse suchte er jedoch wie viele dissoziale Klienten aus unserer therapeutischen Beziehung auszuklammern.

Ein solches Verhalten ist zwar durchaus verständlich, da diese Klienten von der großen Angst erfüllt sind, sie würden, wenn sich ihre Aggression entlüde, die Beziehung zum Therapeuten zerstören. Diese Befürchtung ist angesichts der lebensgeschichtlichen Erfahrungen solcher Menschen nicht unberechtigt, da sie die destruktiven Folgen von Gewalt als Täter wie als Opfer vielfach in der sozialen Realität erlebt haben. Wie ich in Kapitel 4 geschildert habe, ist es auf die Dauer jedoch verhängnisvoll, wenn der Klient alle aggressiven Gefühle aus der Beziehung zum Betreuer oder Therapeut fernzuhalten versucht, da die unterdrückte Aggression sich hintergründig anstaut und der Klient schließlich aus Angst davor, dass diese Impulse plötzlich doch durchbrechen könnten, unter Umständen die Therapie abbricht.

In dieser Phase der Behandlung rief mich Paul eines Tages, offensichtlich unter starkem Alkoholeinfluss stehend, zu Beginn seiner Therapiestunde an, interessanterweise wesentlich pünktlicher als er sonst bei persönlichem Erscheinen zu sein pflegte, und überschüttete mich mit einem wahren Schwall von Beschimpfungen. Das Fazit dieses aggressiven Ausbruchs war, dass er mich nie mehr sehen wolle, dass er mich für den »größten Idioten« halte, den es gebe, und dass er es »satt« habe, sich den »Unsinn« anzuhören, den ich von mir gäbe. Außerdem verwies er darauf, dass es für ihn jetzt wesentlich bequemer sei, mit mir zu sprechen: Er liege daheim, Alkohol trinkend, gemütlich auf seinem Bett und müsse nicht in diesem »verfluchten Behandlungszimmer« sitzen. Ich nahm an, dass Paul nach dieser Schimpftirade voller Wut den Hörer auflegen und damit das Gespräch beenden werde. Eine Diskussion mit ihm war nicht möglich. Den geringsten Versuch meinerseits, ihn über den Grund seiner Wut zu befragen oder irgendeine andere Stellungnahme abzugeben, verunmöglichte er jeweils durch einen neuen Schwall von Vorwürfen und Entwertungen. Ich konnte deshalb nur stumm zuhören.

Zu meinem Erstaunen beendete der Patient das Gespräch aber keineswegs nach wenigen Minuten, sondern setzte seine Beschimpfungen die ganzen 50 Minuten, die seine Therapiestunde gedauert hätte, fort. Erst am Ende dieser Zeit unterbrach er abrupt die Verbindung. Noch größer waren mein Erstaunen und meine Irritation, als er auch in den folgenden Stunden – jeweils pünktlicher denn je – in alkoholisiertem Zustand anrief und mich wiederum 50 Minuten lang beschimpfte. Dieses Verhalten setzte er während fünf Therapiesitzungen fort und äußerte am Ende des letzten Anrufs, wie selbstverständlich, er könne »dann ja mal wieder persönlich vorbeikommen«.

Diese Telefongespräche stellen gewiss ein recht ungewöhnliches therapeutisches Setting dar. Sie haben vor allem mich als Therapeuten irritiert, weil eine solche Interaktion grundsätzlich von den sonst üblichen Rahmenbedingungen abweicht. Ich war bei den ersten Telefongesprächen völlig verblüfft über Pauls impulsives Verhalten, spürte aber, dass er damit etwas für ihn außerordentlich Wichtiges mitteilen wollte. Da ich sein eigentliches Anliegen anfangs noch nicht zu verstehen vermochte, beschloss ich, zunächst einmal abzuwarten und ihn sich weiter artikulieren im lassen, in der Hoffnung, es werde mir mit der Zeit gelingen, die psychodynamischen Hintergründe seines Verhaltens zu erspüren.

Tatsächlich wurde während der sechs Anrufe zunehmend deutlicher, dass seine in der Beziehung zu mir aktualisierten aggressiven Impulse eine große Intensität erreicht hatten, er sich aber offenbar unfähig fühlte, diese Gefühle mir direkt, vis-à-vis, mitzuteilen. Unter dem Schutz des Alkohols und durch Verwendung des Telefons war es ihm nun gelungen, eine sichere, das heißt seiner Angst- und Spannungstoleranz angemessene, Distanz zu finden, aus der heraus er seine Aggression gegen mich zu richten wagte. Neben den manipulativen Tendenzen, die auch in seinem Verhalten lagen, hatte Paul im Grunde eine höchst produktive Situation geschaffen gefunden, indem er nun etwas zu äußern vermochte, was ihm ohne die Schutzmaßnahmen (Alkohol und Telefon) nicht möglich gewesen wäre. Die Tatsache, dass er beim letzten Anruf wie selbstverständlich erwähnte, er werde dann wieder wie bisher in die Therapiestunden kommen, zeigte mir, dass es eine Fehlinterpretation gewesen wäre, wenn ich bei diesem Patienten den Alkoholkonsum während unserer Telefongespräche als Widerstand gegen die Behandlung oder gar noch vordergründiger als Unverschämtheit mir gegenüber verstanden hätte. Paul hatte vielmehr durch sein gewiss provokatives Verhalten etwas für ihn Zentrales ausgedrückt und, so paradox es erscheinen mag, einen wichtigen Schritt in seiner Therapie getan.

Dieses Erlebnis war für mich auch insofern eindrücklich, als es mir zeigte, dass es in der Behandlung straffälliger Menschen von großer Bedeutung ist, in allem, was diese Klienten tun, selbst wenn es noch so provokativ ist, eine psychodynamisch bedeutsame Mitteilung zu sehen und nach deren hintergründigen »Sinn« zu suchen. So lange es keine für den Klienten selbst oder für seine Bezugspersonen manifest gefährliche Situation ist, verzichte ich auf jegliche Intervention verbaler oder handelnder Art, bis ich die Bedeutung der Mitteilung entschlüsselt zu haben glaube. Erst dann reagiere ich in einer therapeutisch auf den hintergründigen Sinn bezogenen Weise. Häufig ist es bei diesen Klienten jedoch nicht nötig und auch gar nicht sinnvoll, ihr Handeln ausführlich mit ihnen zu besprechen. Oft reicht es aus, die Botschaft aufzunehmen. Interessanterweise ist dies häufig dann auch der Moment, in dem das betreffende impulsive Verhalten geradezu schlagartig verschwindet.

Außerdem war für mich die geschilderte Episode aus der Therapie mit Paul insofern lehrreich, als sie mich noch einmal ausdrücklich darauf hinwies, dass man nicht prinzipiell sagen kann, ein Gespräch mit einem intoxikierten Klienten sei völlig sinnlos und unergiebig. Aufgrund meiner Erfahrungen möchte ich fast so weit gehen zu sagen, genau das Gegenteil sei der Fall. Zumindest scheint es mir, wie das Beispiel von Paul zeigt, wichtig, dass sich die Professionellen einem solchen Menschen nicht verschließen, sondern die Botschaft, die er uns zukommen lassen möchte, zu verstehen versuchen.

7 »Ich bin am Ende meiner Kraft«

Aus den bisherigen Ausführungen wurde ersichtlich, dass Betreuerinnen und Betreuer bei straffälligen Menschen mit einer Fülle von Problemen der verschiedensten Art konfrontiert sind. Diese Situation führt, wie ich in Kapitel 1 dargestellt habe, oft zum Eindruck, von der Vielfalt der Aufgaben, die sich bei der Begleitung solcher Klienten stellen, geradezu erdrückt zu werden. Es ist indes nicht nur die Menge der zu erfüllenden Pflichten, sondern auch die spezifische Art, wie diese Klienten mit ihren Betreuern umgehen, die in diesen immer wieder das Gefühl entstehen lässt, am Ende der eigenen Kraft zu sein.

Ich habe in den vorangehenden Kapiteln typische Episoden aus Therapien von straffälligen Klientinnen und Klienten geschildert und daran gezeigt, mit welcher Vielzahl von Problemen sozialer und psychologischer Art wir in solchen Betreuungen konfrontiert sind:

Die Besprechung des Liebesbriefes und der sich daran knüpfenden Probleme bei Martin (Kapitel 1), die Auseinandersetzung mit Hans-Peter im Zusammenhang mit seinem Steuerbescheid (Kapitel 1), der gemeinsame Besuch des Stellenvermittlungsbüros mit Markus (Kapitel 2), Claudias unerbittliches Festhalten an ihrem negativen Selbstbild (Kapitel 3), das Schreiben einer Bewerbung für Walter, der unter einer schweren Legasthenie litt (Kapitel 4), mein Eingreifen in die Auseinandersetzung, in die Ruth sich mit ihrer Vorgesetzten im Nähatelier verstrickt hatte (Kapitel 5), und das – von außen gesehen recht provokativ wirkende – Verhalten von Klaus, der mehrmals nicht persönlich zu den Therapiestunden erschien, sondern mich in alkoholisiertem Zustand anrief (Kapitel 6).

Wie aus meinen Ausführungen ersichtlich, besitzen diese Klientinnen und Klienten die Fähigkeit, auf sich aufmerksam zu machen und Menschen, die bereit sind, sich für sie zu engagieren, in einem im Grund erstaunlichen Maße zu mobilisieren. Es ist charakteristisch für die Reaktionen, welche Straffällige bei ihrer Umgebung auslösen, dass sie niemanden »kalt« lassen. Sie zwingen uns »für« oder »gegen« sie zu sein. So sozial auffällig und bedrängend dieses Aufrütteln der Umgebung oft auch ist, so liegt darin doch eine große Chance, indem die dissozialen Menschen uns durch ihr Verhalten so herausfordern, dass wir uns ihnen zuwenden *müssen*. Insofern kann man – so paradox es erscheinen mag – tatsächlich mit Winnicott (1988) die antisoziale Tendenz als »Hinweis auf Hoffnung« verstehen, als Hoffnung darauf, wieder an eine »frühe gute Erfahrung, die verloren gegangen ist«, anknüpfen zu können (s. auch die Darstellung von Clos, 1982, die ebenfalls Delinquenz als »Zeichen von Hoffnung« versteht).

Die Schwierigkeit liegt nun allerdings darin, dass diese Klientinnen und Klienten sich mitunter an ihren Bezugspersonen, speziell an den Betreuern, geradezu festsaugen und in ausgesprochen ausbeuterischer Weise aus ihnen herauszuholen versuchen, was eben möglich ist. Die Leserinnen und Leser sollten diese Charakterisierung nicht im Sinne einer moralisierenden Kritik an den Straffälligen verstehen. Ich möchte damit lediglich auf ein Verhalten aufmerksam machen, das wir bei diesen Klienten immer wieder beobachten können und das aufgrund ihrer Lebensgeschichte auch durchaus verständlich ist. Bedenken wir, in welch desolaten inneren und äußeren Verhältnissen diese Menschen aufgewachsen sind, welche Fülle von Versagungen, psychischen und körperlichen Verletzungen und Enttäuschungen sie erfahren haben, wie viel Bitterkeit und Hass sich in ihnen angesammelt hat, so ist es nicht verwunderlich, dass, sobald sie in Kontakt mit anderen Menschen treten, diese Gefühle in ihnen aktiviert werden und sie versuchen, endlich etwas von dem zu bekommen, was sie so lange vermisst haben, und sich für all das zu rächen, was ihnen in ihrem Leben angetan worden ist. Diese Rache üben sie an den jetzigen Partnerinnen und Partnern – und dazu gehören auch wir Professionellen –, die im Erleben der Klienten Stellvertreter der früheren Bezugspersonen sind.

Auch wenn Betreuerinnen und Betreuer sich über diese Entwicklungsbedingungen und ihre Folgen theoretisch klar sind, ist es in der Praxis doch oft ausgesprochen schwierig und zermürbend, Zielscheibe der Ansprüche, Aggressionen und Erwartungen zu sein, welche diese Klientinnen und Klienten an ihre Umwelt richten. Als besonders schwierig erweist es sich oft zu entscheiden, inwieweit in einer bestimmten Situation ein Eingehen auf die Wünsche des Straffälligen notwendig ist und wo eine klare Grenzsetzung erfolgen muss. Diese Frage lässt sich nicht allgemeingültig beantworten, sondern muss jeweils unter Berücksichtigung der aktuellen Belastungsfähigkeit des Klienten und im Hinblick auf die soziale Realität entschieden werden.

Hinzu kommt, dass gerade beim Problem der Grenzsetzung die Persönlichkeit der Professionellen ein wichtiger Faktor ist. Einerseits gibt es zwischen verschiedenen Betreuenden von ihrer Persönlichkeit her große Unterschiede in Bezug auf eine eher gewährende oder eine eher strikte Haltung. Dies hängt mit ihren eigenen lebensgeschichtlichen Erfahrungen und dem Betreuungskonzept zusammen, das sie verfolgen. Andererseits darf man gerade bei straffälligen Klienten nicht außer acht lassen, dass sie durch ihre zum Teil erhebliche Aggressivität ihren Betreuer in – je nach Persönlichkeit und Situation mehr oder weniger große – Angst zu versetzen vermögen und auf diese Weise seine Reaktionen mitbestimmen, mitunter den Betreuer sogar völlig manipulieren.

Ich habe in den verschiedenen Beispielen bereits einige solcher typischen Situationen geschildert (zum Beispiel die Erfahrung, die ich zusammen mit Markus beim Stellenvermittlungsbüro gemacht habe, Kapitel 2). Oft sind es indes viel subtilere Formen des Bedrängens, die wir im Umgang mit unseren Klientinnen und Klienten erleben und die wir als Einzelaktion mitunter gar nicht wahrnehmen. Erst das diffuse Gefühl »Ich bin am Ende meiner Kraft« signalisiert uns dann, dass wir Opfer vielfältiger Erwartungen und Ansprüche sind, die wir glauben befriedigen zu müssen und bei denen wir zugleich spüren, dass wir sie niemals auch nur annähernd werden erfüllen können.

Über die in den anderen Kapiteln bereits geschilderten Situationen hinaus sollen diese Probleme an einem weiteren Beispiel veranschaulicht werden. Erich wurde nach der Trennung seiner Eltern im Alter von zwei Jahren zu einer Pflegefamilie gegeben, da weder Vater noch Mutter in der Lage waren, angemessen für ihn und seine drei älteren Geschwister zu sorgen. Wie aus den Akten des schulpsychologischen Dienstes hervorging, ließ er bereits in der Kindergarten- und Schulzeit eine Fülle von Verhaltensauffälligkeiten erkennen.

Neben Einnässen bis zum 11. Lebensjahr und einem ausgesprochen ängstlichen Verhalten, das unversehens jedoch in Aggression umschlagen konnte, fiel insbesondere seine große »Ansprüchlichkeit« auf, wie es in einem Bericht hieß. Er habe »unmäßige« Wünsche und sei letztlich durch nichts zufriedenzustellen. Als sich die Schwierigkeiten in der Pflegefamilie immer mehr zuspitzten, wurde Erich im Alter von 15 Jahren in ein Erziehungsheim eingewiesen. Auch hier imponierte er als sehr auffällig. Er sei von einem starken Geltungsbedürfnis erfüllt und im Hinblick auf seine Wünsche wie »ein Fass ohne Boden«. Erste Delikte (Aufbrechen der Geldbehälter in Telefonzellen, Entwendung von Motorfahrzeugen) traten im Alter von 17 Jahren auf, und es schloss sich eine der typischen kriminellen Karrieren mit einer Fülle von Straftaten und mehrfachen Gefängnisaufenthalten an. Auch in allen Berichten aus dieser Zeit wurde insbesondere seine Ansprüchlichkeit hervorgehoben, die sich auf materielle Dinge, aber auch auf Vergünstigungen in den Strafanstalten und auf Zuwendung jeglicher Art bezog.

Als ich die Behandlung des 30-jährigen Erich im Rahmen einer vom Gericht angeordneten ambulanten Psychotherapie übernahm, fiel auch mir gleich zu Beginn die Unersättlichkeit dieses Mannes auf. Diese äußerte sich schon vor Beginn der eigentlichen Therapie, indem er mehrmals anrief und immer wieder andere Termine verlangte. Dabei wurde deutlich, dass er jeweils den vorher abgemachten Termin nicht wegen irgendwelcher anderen Verpflichtungen hatte absagen müssen. Es bestand bei ihm vielmehr offensichtlich ein starkes Bedürfnis, die Situation total in der Hand zu haben und durch derartige Aktionen sich selbst und dem jeweiligen Partner beweisen zu können, dass er in keiner Weise auf den anderen angewiesen sei und aus diesem »herauspressen« könne, was er wolle. Diese Dynamik, die in allen seinen Beziehungen zu beobachten war, konnten wir später im Verlauf der Psychotherapie verstehen als Ausdruck seiner überwältigenden Angst vor dem Gefühl totaler Ohnmacht und des Ausgeliefert-Seins sowie als Versuch, sich all das einzuverleiben, was er in Kindheit und Jugend vermisst hatte, und sich für das zu rächen, was die Umwelt ihm angetan hatte.

War es anfangs vor allem das Feilschen um passende Termine, so trat seine Ansprüchlichkeit schon bald viel unverhüllter hervor. Immer wieder bestand Erich darauf, ich solle mit Arbeitgebern, mit

Vertretern der verschiedenen Sozialdienste, mit denen er zu tun hatte, mit Bewährungshelfern, aber auch mit anderen Personen seines sozialen Umfeldes Kontakt aufnehmen und in einer von ihm genau definierten – und in nur dieser Form akzeptierten! – Weise mit diesen Bezugspersonen verhandeln. Dabei ging es stets darum, etwas für ihn »herauszuholen«.

Wie bereits in den anderen Kapiteln dieses Buches beschrieben, verfolge ich in derartigen Situationen die Strategie, von der augenblicklichen Angst- und Spannungstoleranz des Klienten auszugehen und ihn nur solchen Belastungen auszusetzen, die er auch zu ertragen vermag. Hätte ich Erich gegenüber gleich zu Beginn der Behandlung eine eindeutig versagende Haltung eingenommen und alle seine Forderungen strikt zurückgewiesen, so hätte er sich, zutiefst gekränkt und zugleich hoch befriedigt darüber, dass »die Welt so böse ist«, wie er es erwartete, jeglicher Therapie von vornherein entzogen. Auf der anderen Seite dürfte klar sein, dass man als Betreuer oder Therapeutin nicht allen Wünschen eines solchen Klienten nachgeben kann und auch keinesfalls nachgeben soll, da sich dadurch die Spirale der Forderungen nur immer enger schraubt und man als Betreuer schließlich völlig hilflos im Netz der Manipulationen des Klienten zappelt. Es wäre dies eine unheilvolle Entwicklung, die Balint (1970) als »maligne Regression« beschrieben hat und die ich als Folge des »oral-aggressiven Kernkonflikts« dieser Menschen verstehe (Rauchfleisch, 1999). Angesichts dieser Situation bewegen Betreuer und Klient sich jeweils auf einem schmalen Grat zwischen *Verwöhnung* einerseits, die nicht nur die Autonomie des Klienten weiter unterhöhlen würde, sondern auch seine Ansprüche immer unmäßiger werden ließe, und *Härte* andererseits, die zu einem Rückzug des Klienten führen würde.

Bei Erich versuchte ich, dort auf seine Wünsche einzugehen, wo es mir möglich war und sinnvoll erschien, und dort Grenzen zu setzen, wo es von den äußeren Bedingungen her notwendig war und mir der Klient zu einem derartigen Verzicht auch fähig zu sein schien. Dennoch kam es immer wieder zu Situationen, in denen Erich mich mit allen ihm zur Verfügung stehenden Mitteln, zum Teil in ausgesprochen drohender Weise, unter Druck zu setzen und mich zu verschiedenen Aktionen zu bewegen versuchte. Auch wenn es jeweils gelang, Erichs Drängen standzuhalten beziehungsweise einen uns beiden akzeptablen Kompromiss zu finden, drängte sich mir in solchen Augenblicken immer wieder der Eindruck auf, ich sei bald wirklich am Ende meiner Kraft.

Eine Episode aus der Therapie dieses Patienten kann dies veranschaulichen: Erich erschien zu einer Therapiesitzung in einem sehr gereizt-aggressiven Zustand und bestand darauf, ich solle unverzüglich mit ihm in eine nahegelegene Kneipe gehen und dort die Therapiestunde abhalten. Er blieb an der Tür stehen und drohte, sofort wieder zu gehen, falls ich seiner Aufforderung nicht sofort Folge leistete. Die wütend mir entgegengeschleuderte Begründung lautete: Er habe es satt, mich stets in der unpersönlichen Atmosphäre meines Sprechzimmers zu treffen. Er wolle jetzt einen persönlicheren Rahmen, und der sei nur in einer Kneipe gegeben.

Bei der Psychotherapie straffälliger Menschen sieht sich der Therapeut recht häufig vor derartige Situationen gestellt, in denen die Patienten eine sofortige Erfüllung ihrer Wünsche erwarten. Im Hinblick auf das Behandlungsziel der Reduzierung des impulsiven Handelns und der Verbesserung der Belastungsfähigkeit kommt es in solchen Situationen vor allem darauf an, sich als Therapeut nicht in den Sog des Handelns ziehen zu lassen, sondern klare Rahmenbedingungen aufrechtzuerhalten und diese – wenn überhaupt – nur nach sorgfältiger Reflexion zu verändern. In Erichs Fall hieß dies: Ich teilte ihm mit, dass ich seinen Wunsch, in eine Kneipe zu gehen, noch nicht richtig verstehen könne und deshalb mit ihm zusammen die Hintergründe dieses Anliegens erst noch klären möchte, bevor ich dazu Stellung nehmen könne. Gegebenenfalls sei ich bereit, seinen Wunsch zu erfüllen. Hätte der Patient mir psychodynamisch überzeugende Argumente dafür geliefert, dass die Therapiesitzung an diesem Tag tatsächlich nur in einer Kneipe möglich gewesen wäre, wäre ich vermutlich auf seinen Wunsch eingegangen. Allerdings hätte ich die Situation und mein Handeln später dann noch einmal ausdrücklich zum Thema einer Therapiesitzung gemacht. Ich habe hinzugefügt, dass wir aus unseren bisherigen Gesprächen wüssten, wie impulsiv Erich sich oft verhalte und wie verhängnisvoll sich dies in seinem Leben auswirke. Ich würde deshalb jetzt nicht ähnlich kurzschlüssig handeln wollen, sondern wolle die Situation mit ihm zusammen erst noch besser verstehen.

Mit einer derartigen Stellungnahme meinerseits verfolge ich folgende Ziele: Zum einen unterstreiche ich damit noch einmal ausdrücklich den therapeutischen Rahmen und biete ein Gegengewicht gegen die starken manipulativen Tendenzen solcher Patienten. Zum anderen signalisiere ich, dass ich hinter dem impulsiven Verhalten psychodynamisch bedeutsame Motive sehe, die in der Behandlung geklärt werden müssen. Tatsächlich gelang es in diesem Fall, mit Erich eine reguläre Therapiestunde im Sprechzimmer abzuhalten, wobei er allerdings die ganzen 50 Minuten an den Türrahmen gelehnt stehen blieb. Der Straffällige lernt durch derartige Erfahrungen mit der Zeit auch, dass das impulsive Handeln nicht die einzige mögliche Verhaltensweise darstellt, sondern dass Gedanken, Gefühle und Verhaltensweisen in der Therapie reflektiert werden können.

Wie sich im weiteren Gespräch herausstellte, stand in diesem Fall hinter Erichs Wunsch nach dem »persönlicheren« Rahmen einer Kneipe – neben den manipulativen Tendenzen – gerade der umgekehrte Wunsch nach einer weniger intimen Situation, in welcher Erich, der in der vergangenen Stunde geweint hatte, hoffte, gefühlsmäßig nicht so tief berührt zu werden. Zum dritten mutete ich dem Patienten durch eine solche Stellungnahme eine zusätzliche Spannung zu (indem ich Aufschub der Befriedigung verlangte), versuchte aber zugleich diese Spannung auf einem dem Patienten erträglichen Niveau zu halten (indem ich durch die Reflexion der hintergründigen Motive andeutete, dass unter psychodynamischem Aspekt diese Wünsche und Gefühle verständlich sind, und indem ich nicht von vornherein darauf bestand, dass der Patient auf die Befriedigung seines Wunsches unter allen Umständen verzichten müsse).

Es lässt sich nach meiner Erfahrung keine allgemeingültige Regel darüber aufstellen, wie strikt Betreuerinnen und Betreuer im Umgang mit straffälligen Menschen die Rahmenbedingungen einhalten sollten und wie weit sie den Wünschen der Klienten entgegenkommen dürfen. Wichtig erscheint mir in jedem Fall, wie ich bei dem zitierten Beispiel ausgeführt habe, dass der Betreuer, zusammen mit dem Klienten, die Hintergründe des impulsiven Verhaltens sorgfältig reflektiert und dann sein eigenes Verhalten dem Patienten gegenüber auch begründet. Ich weise in solchen Situationen stets auch ausdrücklich darauf hin, dass es eine von mir getroffene Entscheidung ist, die zum *jetzigen* Zeitpunkt gilt, in einer späteren ähnlichen Situation aber wieder neu überdacht und von uns diskutiert werden muss. Auf diese Weise suche ich zu vermeiden, dass der Klient aus einem in einer bestimmten Situation gefällten Entscheid für sich die Berechtigung und für mich die Verpflichtung ableitet, wir müssten in ähnlichen Situationen jedes Mal in gleicher Weise handeln. Ferner möchte ich mir damit ausdrücklich die Möglichkeit schaffen, meine therapeutische Strategie auf die jeweilige Spannungstoleranz des Patienten abzustimmen. Angesichts der starken Manipulationstendenzen dieser Klienten liegt mir vor allem auch daran, dem Patienten zu vermitteln, dass mein Eingehen auf seinen Wunsch nicht Resultat seiner Manipulation ist, sondern ein nach sorgfältiger gemeinsamer Reflexion getroffener eigener Entscheid.

Immer wieder erleben wir in Betreuungen und Therapien von straffälligen Menschen, dass es ihnen mitunter gelingt, sehr viel aus ihren Betreuern »herauszupressen«. Ob es dazu kommt, hängt indes nicht nur von der Aktivität der Klientinnen und Klienten ab, sondern wird wesentlich auch von den Professionellen mitbestimmt. Viele Straffällige sind wahre Meister darin, ihre Mitmenschen dazu zu bewegen, ihnen etwas zu geben, sei es in materieller Hinsicht, sei es Zuwendung, selbst wenn diese negativer Art ist. Das Wichtigste ist diesen Klienten, dass sie etwas bekommen.

Reflektieren Betreuerinnen und Therapeuten ihr Verhalten nicht immer wieder kritisch, so bleiben ihnen eigentlich nur zwei extreme Reaktionsformen: Entweder weigern sie sich von Anfang an strikt, auf irgendeinen Wunsch des Straffälligen einzugehen, oder sie stehen unter dem Eindruck, angesichts der erschütternden Lebenssituation dieser Menschen sei es wichtig, etwas von dem ihnen angetanen Unrecht »wiedergutzumachen« und ihnen so viel zu geben wie möglich.

Während die Betreuenden der ersten Gruppe im Allgemeinen die Begleitung eines Straffälligen gar nicht erst übernehmen werden oder sich, wenn sie dazu bereit sind, auf strikte Kontrolle und »Drill« beschränken, sind die Vertreter der zweiten Gruppe vor allem zwei Gefahren ausgesetzt. Die erste Gefahr liegt darin, dass der Versuch, möglichst viele Wünsche des Klienten zu erfüllen, über kurz oder lang zwangsläufig zur Erschöpfung der Professionellen führt. Je mehr sie sich bemühen, die Ansprüche des Straffälligen zu befriedigen, desto größer werden die Ansprüche.

Die zweite Gefahr besteht darin, dass im Betreuer, der sich sehr engagiert für seinen Klienten einsetzt, schließlich das Gefühl entsteht, er werde ausgenutzt und seine Bereitschaft, den Straffälligen zu unterstützen, werde von diesem missbraucht. Eine häufige Reaktion auf dieses Gefühl ist dann das Umkippen der ursprünglich sehr wohlwollenden in eine ausgesprochen versagende Haltung. Nicht selten ist die Enttäuschung, die der Betreuer darüber erlebt, dass seine »Gutmütigkeit so schamlos ausgenutzt wird«, so groß, dass er sogar die Betreuung abbricht. Ähnliche Prozesse lassen sich auch in Institutionen beobachten, in denen zunächst sehr stark auf einen Klienten eingegangen wird, dann aber – aus der Gekränktheit des Personals heraus – unversehens eine »harte Linie« eingeschlagen wird, was unter Umständen sogar bis zum Ausschluss des Klienten aus der Institution führen kann.

Tauchen derartige Gefühle in Betreuerinnen und Betreuern auf, so kommt es in erster Linie darauf an, dass sie sich möglichst selbstkritisch über die Hintergründe ihrer Reaktionen Rechenschaft ablegen. Eine große Hilfe dabei kann die Einzelsupervision oder die Diskussion in der Supervisionsgruppe sein. Ferner ist es wichtig, dass Betreuer und Therapeuten im Verlauf ihrer Berufstätigkeit lernen, welches aufgrund ihrer eigenen Lebensgeschichte die für sie typische Art ist, auf Forderungen zu reagieren. Zieht der Klient die Schraube der Ansprüche immer enger und setzt dadurch seinen Betreuer immer stärker unter Druck, so ist dies niemals nur ein Problem des Straffälligen. Stets sind an der Betreuung zwei Menschen beteiligt, der Klient und der Betreuer, und beide haben gleichermaßen Anteil daran, wie sich die Beziehung gestaltet.

Die Bereitschaft, sich stark für einen Klienten einzusetzen, kann verschiedene Gründe haben. Ich möchte einige häufig auftretende Motive diskutieren, da es mir wichtig erscheint, dass die Professionellen für diese Probleme hellhörig sind. Denn nur auf diese Weise kann es gelingen, Fehlentwicklungen in der Betreuung zu vermeiden.

Die beschriebene Episode aus Erichs Behandlung hat erkennen lassen, dass wir als Betreuende von den straffälligen Klienten nicht selten mehr oder weniger direkt bedroht werden und darauf mit Angst reagieren. Das Schwierige dabei ist, dass wir zum Teil einer manifesten Gefahr ausgesetzt sind und diese realistisch wahrnehmen müssen. Zum Teil besitzen unsere Klienten aber auch ein feines Gespür dafür, an welchen Stellen sie uns »packen« können, um uns in Angst und Schrecken zu versetzen. Es ist schwierig, diesbezüglich generelle

Verhaltensrichtlinien zu formulieren. Abgesehen von Extremsituationen, in denen wir, um unser eigenes Leben oder das einer anderen Person zu retten, den Forderungen des Klienten Folge leisten müssen, sollten wir als Betreuende auf jeden Fall versuchen, die eigene Angst zu ertragen und uns durch die Drohungen des Klienten nicht einschüchtern zu lassen. Es besteht sonst die große Gefahr, dass der Klient, wann immer er etwas durchsetzen will, zu solchen Drohungen greift und uns damit sofort gefügig macht. Wenn die Angst des Betreuers eine allzu große Intensität erreicht und sich über längere Zeit nicht abbauen lässt, sollte er die weitere Betreuung des Klienten meines Erachtens besser an einen Kollegen abgeben.

Neben der Angst vor den Klienten spielt bei allzu großer Nachgiebigkeit ihnen gegenüber häufig die Hemmung des Betreuers in seiner Durchsetzungsfähigkeit eine zentrale Rolle. Alle Forderungen des Klienten erfüllen zu wollen, bedeutet immer auch, sich davor zu scheuen, ihm Grenzen zu setzen. Wie ich anhand der verschiedenen Beispiele gezeigt habe, ist aber gerade das – wenn auch möglichst flexibel zu handhabende – Setzen von Grenzen in der Betreuung und Therapie dieser Klienten von großer Bedeutung. Spürt der Straffällige, dass sein Betreuer in dieser Hinsicht Mühe hat, so wird er hier den Hebel ansetzen und versuchen, so viel wie möglich aus dem Betreuer »herauszuholen«.

Die Ursachen für die Aggressionshemmung des Betreuers sind wiederum vielfältig. Es kann eine generelle Hemmung sein, etwa aufgrund einer prinzipiellen Angst des Betreuers vor jeglicher Auseinandersetzung, die tatsächlich beim Grenzensetzen oft die Folge ist. Oder es kann eine Hemmung sein, die nur bei einer ganz bestimmten Art von Menschen zum Tragen kommt. Dieser Dynamik liegt meist ein spezifisches Problem mit einer früheren Bezugsperson im Leben des Betreuers zugrunde. Eine andere Ursache kann die sein, dass der Betreuer von sich erwartet, immer und überall der »Gebende«, »Geduldige«, »Einfühlsame« zu sein und in seinem Selbstbild Aggression, auch im weitesten Sinne, etwa in Form von Durchsetzungsfähigkeit oder auch in Form einer konstruktiven Auseinandersetzung, keinen Platz hat. Diese und viele andere Gründe können dazu führen, dass ein Betreuer sich scheut, dem Klienten gegenüber eindeutig Stellung zu beziehen und Grenzen zu setzen, wobei die Kehrseite der Medaille ist, dass gerade solche Betreuer, wenn sie sich schließlich am Ende ihrer Kraft fühlen, abrupt in ihren Gefühlen umschlagen und die allzu lange zurückgedrängte Aggression hervorbricht und sich nun in ihrer ganzen Intensität gegen den Klienten richtet.

Ein weiterer Grund für große Nachgiebigkeit dem Klienten gegenüber kann darin liegen, dass der betreffende Betreuer in sich ein berufliches Idealbild trägt, in dem allein Güte, Hilfsbereitschaft und empathisches Eingehen auf den Klienten Platz haben. So wichtig solche Gefühle und Einstellungen selbstverständlich sind, so nachteilig wirken sie sich gerade bei Straffälligen aus. Klammern Betreuer und Therapeuten die Dimension der Aggression in ihren konstruktiven und destruktiven Formen aus, so ist dies für den Klienten keineswegs hilfreich, auch wenn es ihm gegenüber »gut gemeint« sein mag. Der Betreuer verbaut seinem Klienten dadurch vielmehr den Zugang zu einem Bereich, der für sein Leben und Erleben von zentraler Bedeutung ist.

Hinzu kommt, dass man sich fragen muss, ob ein Betreuer, der sich nicht auch einmal auf eine Auseinandersetzung mit seinem Klienten einlässt, diesen wirklich ernst nimmt. Die Klienten akzeptieren mitunter selbst eine vielleicht sehr heftige Reaktion des Betreuers durchaus, spüren sie daraus doch, dass sich der Andere für sie interessiert und sich von ihnen herausfordern lässt. Ich habe in der Psychotherapie von Straffälligen den Eindruck gewonnen, dass es oftmals vielleicht weniger auf den Inhalt unserer Interventionen als vielmehr darauf ankommt, dass wir uns von ihnen emotional berühren lassen und sie mit allen ihren Gefühlen ernst nehmen. Dazu gehört etwa auch, dass wir uns ihrer zum Teil chaotischen Aggressivität stellen und uns auf eine Auseinandersetzung mit ihnen einlassen.

Eine spezielle Variante des Idealbildes vom »alles verstehenden« und »nur gebenden« Betreuer oder Therapeuten ist die, dass wir keine Grenzen zu setzen wagen, weil wir das Risiko nicht eingehen wollen, für den Klienten zum »Bösen« zu werden und damit seiner Dankbarkeit verlustig zu gehen. Auch wenn wir der Ansicht sind, auf Zuwendung und Dankbarkeit von Seiten des Klienten in keiner Weise angewiesen zu sein, sollten wir uns nicht darüber täuschen, dass die permanente Entwertung und Ablehnung unserer Arbeit, wie wir dies im Umgang mit straffälligen Klienten auf Schritt und Tritt erleben, außerordentlich belastend ist. Es ist deshalb nicht verwunderlich, dass die Professionellen mitunter alles zu unterlassen versuchen, was die

Klientinnen und Klienten weiter reizen und ihre Ablehnung verstärken könnte.

Wenn die Betreuenden von solchen Gefühlen erfüllt sind und sich
bemühen, dem Straffälligen so weit wie möglich entgegenzukommen,
erleben sie es als sehr kränkend, wenn alle ihre Bemühungen nicht zu
einer »Sättigung« des Klienten führen, sondern seine Ansprüche im
Gegenteil immer noch unmäßiger werden. Besonders groß ist nach
meiner Beobachtung die Enttäuschung, wenn die Professionellen
unter dem Eindruck stehen, eine sehr gute, vertrauensvolle Beziehung
zum Straffälligen aufgebaut zu haben, und dann plötzlich mit der
Tatsache konfrontiert werden, dass sie für den Klienten als Person
überhaupt keine Rolle spielen, sondern für ihn nur eine bestimmte
Funktion erfüllen müssen. Vielfach fühlen sich die Betreuerinnen und
Therapeuten in einem solchen Moment ausgenutzt und missbraucht.

Ich habe diesen Sachverhalt absichtlich recht krass geschildert, da es
wichtig ist, dass sich die Betreuerinnen und Betreuer von Straffälligen
dieser Dynamik bewusst sind. Dies hat nichts mit moralischer Ent-
rüstung über die »Skrupellosigkeit« solcher Klientinnen und Klienten
zu tun, sondern es ist eine zentrale Dimension ihrer Persönlichkeit.
Wie ich in Kapitel 1 beschrieben habe (vgl. auch meine Ausführungen
in Kapitel 11), ist es diesen Menschen aufgrund ihrer lebensgeschichtlichen Erfahrungen gar nicht möglich, sich vertrauensvoll auf
andere Menschen einzulassen und in einer partnerschaftlichen Beziehung zu geben und zu nehmen. Wo psychisch gesunde Menschen
ein Urvertrauen (Erikson, 1966) aufgebaut haben, besteht bei dissozialen Persönlichkeiten geradezu ein *Urmisstrauen.*

Diese Menschen sind in einer Welt aufgewachsen, in der das Recht
des Stärkeren galt, und haben unter vielen Entbehrungen gelernt,
darin zu überleben. Sie können deshalb in Bezugspersonen nicht In-
dividuen mit je eigenen Wünschen und Gefühlen sehen, sondern
andere Menschen sind für sie nur insoweit von Interesse, als sie ihnen
die Befriedigung ganz bestimmter Bedürfnisse garantieren. Tun sie
dies nicht mehr, so werden sie »fallen gelassen«. Diese für viele straffällige Menschen und andere in ihrer Entwicklung schwerst Geschä-
digte charakteristische Beziehungsform hat nichts mit »Charakterlo-
sigkeit« und Egoismus im landläufigen Sinne zu tun, sondern ist eine
geradezu naturgemäße Konsequenz einer fehlgeleiteten Entwicklung.
Sie hat diesen Menschen in ihrem bisherigen Leben als *Überlebens-*

strategie gedient, hat ihnen wenigstens ein Minimum an Befriedigung verschafft und kann von ihnen deshalb nicht ohne weiteres aufgegeben werden (zu dieser narzisstisch-funktionalisierten Beziehungsform s. Kapitel 11).

Wenn sich die Professionellen nicht in realistischer Weise über diese Bedingungen klar sind, besteht bei der Arbeit mit straffälligen Menschen die große Gefahr, sich einerseits in Zuwendung und Hilfe verschiedener Art zu erschöpfen und sich andererseits, wenn offensichtlich wird, dass man für den Klienten nur eine Funktion erfüllt, tief gekränkt und enttäuscht abrupt zurückzuziehen. Erst wenn man begreift, dass diesen Menschen aufgrund ihrer Entwicklungsbedingungen gar kein anderer Weg bleibt, als sich ihrer Mitmenschen auf diese Art zu bedienen, vermag man ihren mitunter zermürbenden Ansprüchen mit einer gewissen Gelassenheit zu begegnen und in angemessener Form darauf zu reagieren: nämlich die Wünsche der Klienten dort zu befriedigen, wo es für sie sinnvoll ist, und dort Grenzen zu setzen, wo es nötig ist.

8 »Ich habe Angst vor ihm«

Eine Arbeit mit Straffälligen, ohne dass die Betreuenden und die Therapeutinnen und Therapeuten mitunter Angst erleben, erscheint mir fast wie ein Widerspruch in sich. Gewiss sind nicht alle diese Klienten manifest gewalttätig, und auf Seiten der Professionellen bestehen Unterschiede im Hinblick auf ihre Angsttoleranz. Doch ist es angesichts des Aggressionspotenzials, das sich im Verlauf des Lebens in den Klientinnen und Klienten angestaut hat, verständlich, wenn Betreuerinnen und Betreuer darauf mit Angst reagieren. Das Besondere im Umgang mit diesen Klienten liegt darin, dass es oftmals schwierig ist abzuschätzen, ob es nur eine irrationale, nicht der Realität entsprechende Angst des Begleiters ist oder ob die Angst das Signal für eine manifeste Gefahr darstellt. Häufig greifen beide Dimensionen eng ineinander und lassen sich kaum voneinander trennen.

Bei einer Auseinandersetzung mit der Angst, die in Betreuerinnen und Betreuern von Straffälligen auftauchen kann, erscheint es mir wichtig, sich zunächst über die Ursachen dieser Gefühle Gedanken zu machen. Eine solche Reflexion ist nicht nur im Rahmen der Lektüre eines Fachbuches wie des vorliegenden sinnvoll, sondern ist auch in der konkreten Situation, in der wir Angst erleben, wichtig. Erst wenn wir zumindest ungefähr erfasst haben, was die Angst, die wir in der Konfrontation mit unseren Klientinnen und Klienten erleben, in uns auslöst, können wir auch angemessen darauf reagieren. Allein deswegen ist es wichtig, sich über die Ursachen dieser eigenen Gefühle klar zu werden.

Ich habe in diesem Buch in den verschiedensten Zusammenhängen immer wieder darauf hingewiesen, dass bei straffälligen Menschen die soziale Realität eine ungleich größere Rolle spielt als bei anderen Klientinnen und Klienten. Dies gilt auch im Hinblick auf Angstgefühle, die in den Professionellen auftauchen. Stets muss man berücksichtigen, dass die von den Betreuenden erlebte Angst Signal einer realen, vom Klienten ausgehenden Bedrohung sein kann. Es wäre bei Menschen mit einem so großen Aggressionspotenzial fahrlässig, diese Dimension nicht in Erwägung zu ziehen. Ich möchte damit keinesfalls zu einer Dämonisierung des Straffälligen beitragen oder die Professionellen gar von der Arbeit mit solchen Klienten abschrecken. Wir müssen uns jedoch, wie ich an verschiedenen Beispielen gezeigt habe, dessen bewusst sein, dass die Aggression im Leben und Erleben dieser Menschen eine große Rolle spielt, und uns in realistischer Weise darauf einstellen. Mit einem Ausblenden dieser Dimension ist weder den Klienten noch den sie Betreuenden gedient. Je weniger beide die Aggression wahrnehmen, umso gefährlichere Ausmaße kann sie unter Umständen annehmen.

Nicht immer jedoch ist der Inhalt der Angst, welche die Betreuenden erleben, die Gefährdung der eigenen Person. Oftmals tauchen in ihnen auch Befürchtungen auf, der Klient könne die Aggressionen gegen sich selbst oder andere Personen seines sozialen Umfelds richten. Auch in diesem Fall erscheint es mir dringend notwendig zu klären, ob die Angst Hinweis auf eine reale Bedrohung ist. Wiederum wäre es unverantwortbar, wenn der Betreuer oder die Therapeutin die Dimension der Aggression nicht ernst nähme und blind darauf vertraute, es werde »wohl nichts passieren«. Je realistischer Klient und Betreuer die Situation anschauen, desto eher ist es möglich, unheilvolle Entwicklungen zu vermeiden und Wege zu finden, wie der Klient mit seinen aggressiven Impulsen umgehen kann, ohne andere oder sich selbst zu schädigen. Ich werde weiter unten noch auf einige mögliche Strategien eingehen.

Bei der Reflexion über die in uns auftauchende Angst stoßen wir nicht selten auf eine zweite Ursache, nämlich dass der Klient uns durch seine Drohungen einzuschüchtern und zu einem bestimmten Verhalten zu veranlassen versucht. Der Betreuer reagiert in diesem Fall mit Angst auf einen solchen Erpressungsversuch, wobei auch hier zu berücksichtigen ist, dass möglicherweise eine reale Gefahr für den Klienten selbst oder eine andere Person besteht. Der Betreuer muss deshalb auch in einer solchen Situation zu klären versuchen, wie ernsthaft die Bedrohung ist, auf die er mit Angst reagiert, und wie er sich angesichts des Einschüchterungsversuchs verhalten will. Entscheidungen darüber sind ihm jedoch erst dann möglich, wenn er die Ursache seiner Angst erkannt hat.

Ein Beispiel veranschaulicht dies. Dieter, ein Straffälliger, dessen ambulante Psychotherapie ich übernommen hatte, versetzte mich immer wieder durch seine zum Teil massiven Drohungen in Angst und Sorge und versuchte mich auf diese Weise jeweils in eine von ihm gewünschte Richtung zu manipulieren. Ein für ihn typisches Verhalten war das folgende: Dieter erschien zu einer Sitzung in einem sehr gereizten Zustand und forderte mich drohend auf, ich solle ihn in eine psychiatrische Klinik einweisen und ihm eine Rente verschaffen. Auf meine erstaunte Frage, was er mit diesen Wünschen ausdrücken wolle, reagierte er mit einem Ausbruch von Wut. Er wolle mit mir nicht Gründe diskutieren, wir hätten schon mehr als genug »rumgelabert«; ich solle meinen Mund halten und ihm ein Einweisungsschreiben für den Klinikeintritt geben und jetzt sofort Kontakt mit der Invalidenversicherungsstelle aufnehmen und dort den Antrag für die Berentung anfordern. Als ich ihm daraufhin sagte, ich entnähme seinem Wunsche nach einem Klinikaufenthalt und einer Berentung, dass er sich offenbar unfähig fühle, weiterhin im Arbeitsprozess zu bleiben, löste dies bei Dieter einen neuerlichen Wutanfall aus. Er schrie mich an, sich drohend gegen mich wendend, ich solle still sein und lieber »voranmachen«. Drohend fügte er hinzu, wenn ich seiner Forderung nicht unverzüglich Folge leistete, würde ich noch erleben, was dann passiere.

In mir tauchten bei diesen Worten zwei Vorstellungen auf: zum einen der Gedanke, er könne sich auf mich stürzen und seine Aggression gegen mich richten, so wie er sich auch sonst vielfach in Schlägereien verwickelte, zum anderen der Einfall, er werde davonrennen und sich in einer ihn selbst schädigenden Weise verhalten, zum Beispiel Delikte begehen oder vielleicht sogar aus Verzweiflung und Wut einen Suizidversuch durchführen. Dieter hatte früher einmal in einer ähnlichen Stimmung seine Spannung dadurch abzuführen versucht, dass er mit der Faust in eine Betonwand geschlagen und sich dabei die Mittelhandknochen gebrochen hatte. Voller Wut ergänzte er: Er habe es satt, sich mit dem Arbeitgeber und den Kollegen »herumzuärgern«, er lasse sich von denen nicht zum »Hanswurst«

machen und wolle auch nicht mehr zu den Gesprächen zu mir kommen. Das alles nütze ihm überhaupt nichts. Er müsse jetzt zuerst Ruhe in einer Klinik finden und dann seinen Lebensunterhalt durch eine Rente gesichert wissen.

Obwohl ich mich durch die Gereiztheit des Klienten und sein drohendes Verhalten sehr bedrängt fühlte, war mir von Anfang an klar, dass es unsinnig und auch gar nicht möglich sei, auf seine Wünsche einzugehen. Zugleich wusste ich aus anderen, ähnlichen Erfahrungen mit Dieter, dass er in einer derartigen Stimmung schon durch die geringste Versagung in einem solchen Ausmaß von seinen Wutgefühlen überschwemmt wurde, dass eine logische Argumentation mit ihm nicht mehr möglich war und er in seinen Reaktionen tatsächlich unberechenbar wurde. Aufgrund der wenigen Informationen, die der Patient mir über den Arbeitgeber und die Kollegen gegeben hatte, war mir klar, dass es an der Arbeitsstelle zu Konflikten gekommen war. Seine heftige Reaktion auf meine diesbezüglichen Hinweise bestätigte diese Vermutung.

In dieser Situation sah ich mich mit drei Aufgaben konfrontiert. Zum einen ging es vordringlich darum, Dieter nicht weiter zu reizen, sondern durch meine Äußerungen und mein Verhalten zu seiner Beruhigung beizutragen. Zum zweiten musste ich ihm jedoch unmissverständlich klar machen, dass ein Klinikeintritt und eine Rente nicht in Frage kämen. Zum dritten wollte ich ihm vermitteln, dass ich den von ihm gewünschten Weg, mit den Konflikten am Arbeitsplatz umzugehen (nämlich indem er sich diesen zu entziehen versuchte), zwar nicht für sinnvoll hielt, seine Gefühle jedoch ernst nähme und, wenn ich mich in seine Situation versetzte, auch durchaus nachvollziehen könne.

Ich wählte den Einstieg über den Hinweis darauf, er solle sich doch erst einmal hinsetzen, damit wir in Ruhe das besprechen könnten, was am Arbeitsplatz passiert sei. Bisher war Dieter voller Erregung in meinem Zimmer hin- und hergelaufen. Ich fügte hinzu, ich entnähme seiner Stimmung, dass er offenbar etwas erlebt habe, was ihn sehr gekränkt und geärgert habe. Ich würde gerne etwas Genaueres darüber erfahren. In dieser Phase des Gesprächs ging ich bewusst mit keinem Wort auf seine Forderung nach Klinikeintritt und Rente ein, sondern versuchte ihm zu signalisieren, dass ich mich zunächst einmal für seine Gefühle und für die Ursache seiner Erregung interessierte.

Je nach Situation füge ich in solchen Fällen mitunter auch hinzu: Wir wollten uns nun erst einmal in Ruhe anschauen, was passiert ist, es werde ja nicht alles »so heiß gegessen, wie es gekocht sei«. So trivial eine derartige Äußerung auch erscheinen mag, signalisiert sie dem Klienten doch zweierlei: zum einen, dass er, ehe er irgendeine Entscheidungen trifft, zunächst etwas Abstand vom Geschehen nehmen sollte, und zum anderen, dass man sich auch als Betreuer nicht völlig in den Sog der Ereignisse ziehen lassen will, sondern einen »kühlen Kopf« zu behalten versucht. Solche Hinweise wirken sich zum Teil auch insofern hilfreich aus, als man sich als Betreuer dadurch selbst daran erinnert, dass es bei aller eigenen gefühlsmäßigen Betroffenheit jetzt darauf ankommt, Ruhe zu bewahren, sich nicht provozieren zu lassen, den Klienten nicht noch mehr zu reizen und sich von ihm nicht zu irgendwelchen Aktionen drängen zu lassen, die man eigentlich ablehnt.

Dieter war zwar nach wie vor sehr gespannt und gereizt. Er setzte sich jedoch tatsächlich hin und begann, wenn auch zunächst zögernd und seinen Bericht immer wieder unterbrechend durch wütende Kommentare über die Ungerechtigkeit der Welt und die Sinnlosigkeit unserer Gespräche, zu erzählen, was er an der Arbeitsstelle erlebt hatte. Im Grunde war es eine aus der Sicht des Außenstehenden alltägliche Begebenheit: Dieter hatte an diesem Tag mit dem Vorarbeiter zusammengearbeitet, zu dem bereits seit längerer Zeit ein stark rivalisierendes Verhältnis bestand. Dieter fühlte sich ihm gegenüber insuffizient und versuchte seine Unsicherheit durch besonders großspuriges und provokatives Verhalten diesem Mann gegenüber zu kompensieren. Der Patient berichtete, er habe mit dem Vorarbeiter zusammen bei der Arbeit einen Bohrapparat verwendet und bereits am Nachmittag den Vorgesetzten darauf hingewiesen, dieser dürfe das Gerät nicht in der Halle, in der sie gearbeitet hatten, liegen lassen. Die schroffe Antwort des Kollegen sei gewesen, Dieter solle sich »um seinen eigenen Dreck kümmern« und müsse nicht »das Kindermädchen« für den Vorarbeiter spielen. Schon durch diese Äußerung hatte sich Dieter verletzt gefühlt, er habe aber »um des lieben Friedens willen« seinen Ärger »heruntergeschluckt«.

Beim Einräumen des Werkzeugs am Abend habe sich nun herausgestellt, dass das Bohrgerät tatsächlich fehlte. Als Dieter den Vorarbeiter darauf hingewiesen habe, dass das Gerät sicher in der

Halle liegen geblieben sei (noch seinem jetzigen Bericht merkte man an, mit welcher Genugtuung Dieter offensichtlich den Vorgesetzten auf dessen Nachlässigkeit hingewiesen hatte), habe dieser keineswegs seinen Fehler zugegeben. Er sei vielmehr wütend über ihn »hergefallen« und habe am Ende gar noch ihm die Schuld dafür gegeben, dass das Gerät dort liegen geblieben sei. Das alles interessiere ihn jetzt aber nicht mehr, fügte Dieter hinzu, er werde dort nicht mehr arbeiten, sondern wolle in die Klinik und beanspruche eine Rente.

Obwohl der Patient nach wie vor sehr gereizt war, hatte er sich inzwischen soweit beruhigt, dass ich nun, da ich wusste, was sich ereignet hatte, zu der Situation am Arbeitsplatz und zu seinen Gefühlen Stellung nehmen konnte. Ich teilte ihm zunächst mit, dass ich seinen Ärger durchaus verstünde, obwohl ich als nicht selbst Betroffener der Ansicht sei, er nehme die ganze Sache eigentlich viel zu ernst.

Die Leserinnen und Leser werden einen solchen Hinweis vielleicht als eine banale Äußerung empfinden und sich fragen, ob eine derartige Bagatellisierung der Dramatik, die das Geschehen im Erleben des Klienten besaß, überhaupt gerecht wurde. Derartige Einwände mögen berechtigt sein, und ich verspreche mir davon in einer Situation wie der beschriebenen auch keinen großen therapeutischen Effekt. Dennoch habe ich die Erfahrung gemacht, dass es für Klienten wie Dieter hilfreich ist, wenn man ihnen – neben allem Verständnis für ihre innerseelische Situation und unter ausdrücklichem Verweis darauf, dass man als nicht selbst Betroffener natürlich eine größere Distanz zum Geschehen hat – durch eine derartige Stellungnahme vermittelt, dass hier die subjektive Bedeutung, welche der Klient der Situation beimisst, nicht der äußeren Realität entspricht.

Auch wenn dieser Hinweis bei Dieter noch nicht dazu führte, dass er seine chaotische Wut als unangemessen betrachten und kritisch hinterfragen konnte, hielt ich seiner subjektiven Interpretation nun im Sinne einer Realitätskontrolle doch eine andere Sicht entgegen, was in der geschilderten Situation tatsächlich eine weitere Beruhigung zur Folge hatte. In einer derartig brisanten Lage erscheint es mir in einem ersten Schritt irrelevant, welche Methode man wählt. Das wichtigste ist, den Klienten aus dem Affektsturm herauszubringen und damit die Möglichkeit für eine konstruktive Auseinandersetzung mit dem betreffenden Ereignis zu schaffen.

Nun konnte ich es auch wagen, ihm noch einmal ausdrücklich meine Antwort auf seine Forderungen mitzuteilen: nämlich dass ich ihn weder in eine Klinik einweisen noch ihm eine Rente verschaffen werde. Diese Stellungnahme löste einen erneuten Wutanfall des Klienten aus. Dieter sprang in großer Erregung auf und drohte davonzulaufen und nie mehr wiederzukommen, wenn ich seine Forderungen nicht sofort erfüllte. Da ich nun jedoch in meinen Gefühlen nicht mehr die Bedrohung wie am Anfang unseres Gesprächs spürte, blieb ich strikt bei meiner Stellungnahme und ging sogar so weit, ihm zu sagen, er könne tun, was er wolle, er werde von mir jedoch die Erfüllung dieser Wünsche nicht erzwingen können. Ich fügte meiner Antwort die Begründung hinzu, dass ich seine tiefe Gekränktheit – auch wenn mir seine Reaktion darauf überstark zu sein scheine – durchaus nachvollziehen könne. Ich sei jedoch gegen Klinikeintritt und Rente, da ich für Dieter andere als diese Wege sähe. Ich hätte den Eindruck, er sei letztlich doch fähig, sich in weniger selbstschädigender Weise mit seinen Konflikten auseinanderzusetzen. Das Ziel einer solchen Intervention ist, dem Klienten meine strikte Haltung mitzuteilen und zu begründen und ihm zugleich zu signalisieren, dass ich Vertrauen in die konstruktiven Kräfte habe, die ich in ihm spüre.

Es war beeindruckend zu erleben, wie sich die anfangs hoch gespannte, bedrohliche Atmosphäre nach und nach wenigstens so weit beruhigte, dass wir ausführlicher über die Ereignisse am Arbeitsplatz, die von Dieter erlebte Kränkung und seine völlig inadäquate Reaktion sprechen konnten. Auch wenn der Patient während der ganzen Sitzung in einer sehr gereizten Stimmung verharrte, war er immerhin doch in der Lage, meine Entscheidung, wenn auch widerwillig, zu akzeptieren und sich mit seinen Gefühlen auseinanderzusetzen.

Es liegt auf der Hand, dass in der geschilderten Episode ein Eingehen auf die Forderungen des Klienten absurd und von den äußeren Bedingungen her auch gar nicht möglich gewesen wäre. Doch ist es in der Situation selbst oft ausgesprochen schwierig, als Betreuerin oder Therapeut einen einigermaßen kühlen Kopf zu behalten und sich unter dem Druck einer manifesten Bedrohung nicht zu Zusagen zwingen zu lassen, die man letztlich gar nicht einhalten kann und will.

Auch wenn man sich auf derartige Krisenereignisse nicht vorbereiten kann und obwohl sich auch keine allgemeingültigen Regeln darüber aufstellen lassen, wie man sich dabei verhalten sollte, ist es nach meiner Erfahrung hilfreich, wenn man bei der Arbeit mit straffälligen Menschen für sich folgende Leitlinien festlegt und sich daran zu halten versucht:

Die Professionellen sollten sich unter keinen Umständen zu einem unreflektierten Handeln zwingen lassen, sondern, bevor sie selbst aktiv werden, zunächst möglichst umfassend zu klären versuchen, welches die Motive und Ziele des Klienten sind.

Ein solches Vorgehen ist sicher nur möglich, wenn die Betreuenden unbedingt alles vermeiden, was den Klienten noch weiter reizen und kränken könnte.

Wenn es den Professionellen sinnvoll erscheint, auf die Wünsche des Klienten (ganz oder teilweise) einzugehen, sollten sie dies ausdrücklich als eigene Entscheidung deklarieren, diese Entscheidung begründen (und damit für den Klienten nachvollziehbar machen) und beim Klienten nicht den Eindruck entstehen lassen, er habe die Betreuenden zu etwas gebracht, was diese eigentlich gar nicht wollen.

Falls es unmöglich ist oder aus der Sicht der Betreuenden nicht sinnvoll erscheint, die Wünsche des Klienten zu erfüllen, sollten die Professionellen dies unmissverständlich zum Ausdruck bringen und sich nicht durch Drohungen des Klienten terrorisieren lassen.

Die Ablehnung eines Wunsches heißt indes nicht – und dies sollten die Betreuenden dem Klienten auch unbedingt klar machen –, dass damit die Gefühle und Motive des Klienten abgelehnt wären und nicht zur Kenntnis genommen würden. Da das exzessive Handeln ja in der Regel der Abwehr von Gefühlen dient, die der Klient nicht ertragen zu können glaubt, kommt es im Gegenteil vielmehr gerade darauf an, dass sich Betreuende und Klienten intensiv mit den Gefühlen auseinandersetzen, die zur Krise geführt haben und durch sie ausgelöst worden sind.

Erleben Betreuerinnen und Betreuer im Umgang mit ihren Klienten Angst, so kann außer der realen Bedrohung und dem Versuch der Klienten, den Betreuer durch Drohungen zu einem bestimmten Verhalten zu zwingen, noch eine weitere Ursache eine Rolle spielen: Der Betreuer kann mit der von ihm erlebten Angst ein Gefühl registrieren, das im Klienten besteht, von diesem aber nicht geäußert, mitunter von ihm selbst nicht einmal wahrgenommen wird. In länger dauernden Betreuungen und Therapien kommt es häufig zu einem intensiven Gefühlsaustausch zwischen den Beteiligten. Dies führt bei den Betreuern zwangsläufig zu einer erhöhten Sensibilität für das, was in ihren Klienten vorgeht. Beim Auftauchen von Angstgefühlen, insbesondere wenn keine sichtbare Bedrohung vorliegt, sollte man sich deshalb stets fragen, ob man als Betreuer hier stellvertretend für den Klienten ein Gefühl wahrnimmt, das dieser aus verschiedenen Gründen selbst nicht zum Erleben zulassen kann.

Fragen wir uns, weshalb ein Klient das Angstgefühl nicht zu erleben vermag, so lassen sich verschiedene Gründe dafür finden:

Angesichts der hohen Kränkbarkeit der straffälligen Menschen und ihrer dadurch bedingten Tendenz, sich überall, auch sich selbst gegenüber, immer nur als »der tolle Kerl« darzustellen, ist es verständlich, dass Angst für sie ein Gefühl ist, das es einfach nicht geben darf. Sind für diese Menschen schon Gefühle an sich etwas, was sie als Schwäche erleben und deshalb bei sich nicht akzeptieren können, so gilt dies ganz besonders für die Angst. Eine Methode, sich vor einem solchen Gefühl zu schützen, ist das völlige Ausblenden aus dem bewussten Erleben.

Charakteristischerweise wird von dem Straffälligen Angst nicht als Signal für eine ganz bestimmte Gefahr erlebt (Angst dieser Art erfüllt eine wichtige Funktion, da sie uns in bedrohlichen Situationen warnt), sondern erhält bei ihm die Qualität von Vernichtungsangst. Dies ist für ihn ein völlig überwältigender Gefühlszustand, geradezu ein Ertrinken im Affekt. Der Klient versucht verständlicherweise, sich vor einem solchen höchst bedrohlich erlebten Zustand mit allen ihm zur Verfügung stehenden Mitteln zu schützen. Eine Möglichkeit ist, das Gefühl der Angst ganz zu unterdrücken.

Würde der Straffällige seine Angst wahrnehmen, so wäre er gezwungen, sich intensiver mit den Ursachen dieses Gefühls auseinanderzusetzen. Dies ist ihm jedoch nicht möglich, da eine solche Selbstreflexion ihn mit einer Fülle von Konflikten und Gefühlen konfrontieren würde, zu deren Verarbeitung er zumeist nicht fähig ist. Aus diesem Grund muss er die tief in ihm liegende Angst ausblenden und sich geradezu verzweifelt in ein impulsives Handeln stürzen, damit diesem Gefühl jegliche Möglichkeit genommen ist, auch nur ansatzweise auftauchen zu können.

Die Angst kann mitunter eine ganz spezielle Qualität annehmen, und zwar die eines Unheimlichkeitsgefühls. Es ist in diesem Fall nicht die Befürchtung, es werde ein ganz bestimmtes Ereignis eintreten, sondern ein diffuses Gefühl, dass »irgendetwas« passieren könnte. Dissoziale Menschen leiden vielfach unter derartigen Gefühlen, von irgendetwas Undefinierbarem bedroht zu sein. In der Regel erklären sie sich dieses Gefühl logisch damit, dass sie äußern, sie fühlten sich durch bestimmte Personen ihrer Umgebung, die ihnen vielleicht tatsächlich ablehnend gegenüberstehen, benachteiligt und bedroht. Dies ist jedoch nur der Versuch, sich vor dem viel fundamentaleren Gefühl zu schützen, ungeborgen in einer feindlichen Welt zu leben und im Grunde nicht zu wissen, wer sie sind und wohin sie gehören (»Urmisstrauen«). Da auch diese Art von Angst den straffälligen Klienten unerträglich ist, müssen sie sie ebenfalls aus ihrem bewussten Erleben verbannen.

Die hier geschilderten Hintergründe sind nur einige Ursachen dafür, dass straffällige Menschen Gefühle der Angst unter allen Umständen auszublenden versuchen. Wenn nun die Professionellen diese Gefühle stellvertretend für ihre Klientinnen und Klienten wahrnehmen, liegt darin die große Chance, eine Erlebensdimension zu erfassen, die den Klientinnen und Klienten selbst nicht zugänglich ist. Gewiss müssen wir uns als Betreuende und Therapeuten darüber klar sein, dass die in uns auftauchenden Gefühle nicht in jedem Fall umfassend die innere Befindlichkeit der Klientinnen und Klienten widerspiegeln. Doch ist wichtig, dass wir beim Erleben von Angst, aber auch bei anderen Gefühlen, insbesondere wenn sie uns sonst fremd, der Situation unangemessen oder in irgendeiner anderen Weise merkwürdig erscheinen, an die Möglichkeit denken, dass wir hier vielleicht etwas wahrnehmen, was im Klienten abläuft.

Angst taucht in den Betreuenden indes nicht nur bei realen Bedrohungen, als Reaktion auf Erpressungsversuche der Klientinnen und Klienten und als Abbild der Angst des Straffälligen auf. Gar nicht selten erleben wir in der Arbeit mit solchen Klienten auch Angst vor Drittpersonen. Es ist zumeist Angst vor Kritik, welche diese Personen oder Stellen (Gerichte oder andere zuweisende Stellen, Vorgesetzte, aber auch Angehörige, Arbeitgeber oder andere Bezugspersonen der Klienten) an uns üben könnten, weil wir unseren Betreuungsauftrag nicht den Erwartungen dieser Personen entsprechend erfüllten.

Auch bei dieser Art von Angst müssen wir uns fragen, wie realitätsgerecht ein solches Gefühl ist. Obwohl wir uns als Betreuer oder Therapeutin unter dem Druck solcher Erwartungen möglicherweise nicht wohl fühlen, erscheint es mir durchaus berechtigt, dass beispielsweise das Gericht als zuweisende Stelle und im Fall von Gewaltdelikten als Vertreter einer zu schützenden Öffentlichkeit an uns die Erwartung richtet, Betreuung und Therapie sollten zu einer Verminderung der Gewalttätigkeit unseres Klienten führen. Es ist klar, dass eine solche Änderung im Fühlen und Verhalten des Straffälligen nicht allein durch uns herbeigeführt werden kann, sondern der Klient selbst einen wesentlichen Anteil am Gelingen oder Misslingen der Maßnahme hat. Dennoch können wir uns nicht der Mitverantwortung entziehen und werden deshalb mitunter auch Angst – oder in milderer Form ein banges Gefühl des eigenen Versagens – angesichts der an uns gerichteten Erwartungen verspüren.

Ähnlich ist es im Hinblick auf die Hoffnungen, welche Angehörige und andere Bezugspersonen, zum Beispiel Mitarbeiter von verschiedenen Sozialdienststellen, mit denen der Klient zu hat, oder Arbeitgeber, in unsere Aktivitäten setzen. Wiederum gilt es, sich als Betreuende zu fragen, wie viel Realitätsgehalt die eigene Angst vor Drittpersonen besitzt; ob wir etwa schuldbewusst und mit einem gewissen Unbehagen reagieren angesichts der durchaus berechtigten Erwartung, welche diese Personen in unsere bisher vielleicht nur wenig Erfolg zeitigenden Aktivitäten setzen, oder ob wir uns aus ganz persönlichen Gründen in einem nicht der Realität entsprechenden Ausmaß schuldig fühlen für die ausbleibenden Erfolge unserer Betreuung.

Angstgefühle können auch gegenüber Vorgesetzten, Supervisoren oder anderen Fachleuten auftreten, die wir zur Unterstützung unserer Bemühungen konsultieren. In diesem Fall besitzt das Angstgefühl in der Regel eine spezifische Färbung: Es präsentiert sich als Angst, in der Betreuung etwas »falsch gemacht« zu haben und deshalb von den Autoritätspersonen kritisiert zu werden. Auch hier gilt es, kritisch zu prüfen, wie realistisch diese Gefühle sind. Es gibt durchaus Situationen, in denen die Professionellen wissen, dass sie sich falsch verhalten haben, beispielsweise sich vom Klienten zu einer Aktion haben drängen lassen, die sie selbst eigentlich nicht für richtig halten, oder etwas gesagt zu haben, was sie nachträglich als nicht sinnvoll, vielleicht sogar als kontraproduktiv betrachten. Auch angesichts der Fülle von sozialen und psychischen Problemen des Straffälligen können in den

Betreuenden mitunter berechtigterweise Zweifel an der Richtigkeit und Wirksamkeit ihres Handelns entstehen.

Eine solche selbstkritische Haltung wird sich im Allgemeinen jedoch nicht in Form einer ausgesprochenen Angst vor Drittpersonen äußern. Sobald derartig starke Gefühle im Betreuer oder Therapeuten auftauchen, sollte sich dieser deshalb fragen, ob es nicht eine Gefühlsreaktion ist, die vom Klienten ausgeht und unbewusst von diesem angestrebt wird. In diesem Fall nimmt der Betreuer bei sich etwas wahr, was in erster Linie die Gefühle des Klienten angeht, die dieser aber aus verschiedenen Gründen bei sich nicht zulassen kann.

Im Folgenden nenne ich einige der möglichen Ursachen.: Mitunter stehen wir bei der Betreuung von straffälligen Menschen unter dem Eindruck, es verlaufe alles gut und ausgesprochen unproblematisch. Wir erleben keine Konflikte in der Beziehung zum Klienten und wir sagen uns, wir müssten eigentlich zufrieden sein. Und dennoch erleben wir eine uns unerklärliche Angst vor Drittpersonen. Wie ich in Kapitel 4 bereits ausgeführt habe, sollte uns das Gefühl, alles sei »völlig unproblematisch«, stets hellhörig machen. Nicht selten verbergen sich dahinter erhebliche Aggressionsprobleme des Klienten, die jedoch von beiden, Professionellen wie Klienten, durch die ausdrückliche Betonung der »harmonischen Atmosphäre« abgewehrt werden.

Wenn nun im Betreuer die Angst auftaucht, der Klient könne wieder straffällig werden und das Gericht werde sich dann kritisch über die bisherige Betreuungsarbeit äußern, sollten wir ein solches Gefühl – wie irrational es uns auch erscheinen möge – sehr ernst nehmen. Gewiss geht es nicht darum, den Klienten permanent voller Mistrauen zu beobachten und hinter jeder noch so harmlosen Äußerung Hinweise auf eine erneute schwere Delinquenz zu vermuten. Oft nehmen Betreuer und Therapeuten jedoch untergründig vom Klienten Signale auf, die ihnen wichtige Informationen zu liefern vermögen. So kann etwa die Angst vor der Kritik durch Drittpersonen auf die tatsächlich bestehende, aber äußerlich nicht direkt wahrnehmbare Gefahr erneuter Straftaten hinweisen. Der Betreuer tut deshalb gut daran, auf die Botschaft, die seine Gefühle ihm liefern, zu hören.

Eine andere Quelle der Angst, welche die Professionellen im Hinblick auf Drittpersonen erleben, kann die sein, dass sie etwas von der Angst wahrnehmen, unter welcher der Klient leidet, ohne dass dieser sich aber direkt darüber zu äußern vermag. In Anbetracht ihrer gravierenden sozialen Schwierigkeiten und ihrer psychischen Probleme leben Straffällige verständlicherweise oft unter der großen Angst, den Erwartungen der Umgebung nicht gerecht werden zu können. Da sie Angst im Allgemeinen jedoch kaum zulassen können, bleiben diese Gefühle weitgehend im Hintergrund und entfalten von dort ihre Wirksamkeit auf indirekte Weise in Form von Unsicherheit, Rückzugs- und Ausweichtendenzen, aber auch in Gestalt eines überkompensierenden, großspurigen Gebarens. Durch den engen emotionalen Austausch, in dem Betreuer und Klient miteinander stehen, teilen sich diese Gefühle dem Betreuer untergründig mit, und er nimmt in seinem eigenen Erleben stellvertretend für den Klienten dessen Angst wahr.

Die Angst des Betreuers, in seiner Arbeit versagt und die Forderungen irgendwelcher Autoritätspersonen nicht erfüllt zu haben, kann indes auch seine Reaktion auf eine – wiederum nur untergründig wirksame – Erwartung des Klienten sein. Ich habe in verschiedenen Zusammenhängen auf die ausgeprägte Anspruchshaltung hingewiesen, die viele straffällige Menschen erkennen lassen, und habe gezeigt, dass sich ihre Forderungen selbstverständlich auch auf ihre Betreuer und Therapeuten richten. Nicht immer allerdings sind es direkte Wünsche, sondern oftmals auch untergründige Ansprüche, die jedoch nicht weniger bohrend sind. Nimmt der Betreuer in sich die Befürchtung wahr, er werde seinem Klienten nicht gerecht und werde dafür von Dritten sicher kritisiert, so sollte er an die Möglichkeit denken, dass er auf diese Weise auf die unausgesprochenen Wünsche des Straffälligen reagiert. Die von ihm erlebten Schuld- und Versagensgefühle sind seine Antwort auf die unmäßigen, letztlich nie erfüllbaren Ansprüche des Klienten.

Es ist in diesem Zusammenhang ferner an Ansprüche zu denken, welche der Straffällige an sich selbst richtet. Da er, wie beschrieben, immer und überall ein »toller Kerl« sein muss, erwartet er selbstverständlich auch in einer Therapie oder Betreuung von sich, dass er innerhalb kürzester Zeit große Fortschritte aufzuweisen hat. Mit seiner Angst vor der Kritik durch Dritte reagiert der Betreuer in diesem Fall auf die wiederum untergründig wirksamen Erwartungen des Klienten, der nicht nur sich selbst, sondern auch den Betreuer unter einen erheblichen Druck setzt und schnellste Erfolge erwartet. Dies kann gerade in der Gegenwart, in der allgemein von Behandlungen schnelle, effiziente und umfassende Erfolge erwartet werden, die bei dieser Klientengruppe realistischerweise aber nicht zu erreichen sind, zu erheblichen Belastungen der Professionellen führen. Erst die bewusste Wahrnehmung aller dieser eigenen Gefühle ermöglicht es den Betreuenden, sich ein einigermaßen realistisches Bild von der Gefühlswelt der Klienten und von deren, aber auch von ihren eigenen Erwartungen zu machen.

Mit den hohen Erwartungen, die straffällige Menschen an sich selbst richten, hängt eine weitere Ursache für die von den Professionellen erlebte Angst vor Dritten zusammen. Die lebensgeschichtlichen Erfahrungen dieser Klienten haben in ihnen zwiespältige Gefühle all den Menschen gegenüber entstehen lassen, die ihnen etwas zu geben vermögen. Einerseits sehnen sich die dissozialen Menschen nach Zuwendung und bestehen, wie ich an verschiedenen Beispielen gezeigt habe, mitunter geradezu unerbittlich auf eine unverzügliche Erfüllung ihrer Wünsche. Andererseits aber spüren sie gerade in solchen Augenblicken besonders schmerzlich ihre eigene Bedürftigkeit und erleben in einer sie kränkenden Weise, in welchem Ausmaß sie vom Wohlwollen anderer Personen abhängig sind. Dieser Gefühlszwiespalt führt dazu, dass straffällige Menschen oft das boykottieren oder zerstören müssen, was sie am sehnlichsten wünschen. So paradox es erscheinen mag, richtet sich dabei ihr Hass gerade gegen die Menschen, welche die Wünsche und Hoffnungen dieser Klientinnen und Klienten zu erfüllen versuchen, werden sie doch durch ihre Bereitschaft, etwas zu geben, für den Straffälligen in seinem Erleben zu einer von ihm als erdrückend erlebten übermächtigen Gestalt.

Angesichts einer solchen Gefühlskonstellation wird verständlich, dass diese Klienten unsere betreuerischen und therapeutischen Aktivitäten letztlich boykottieren müssen und wir, gerade wenn wir uns für sie einsetzen, Ziel ihres Hasses werden. Die von den Betreuenden bei sich wahrgenommene Angst vor der Kritik Dritter ist in diesem Fall ihre Antwort auf die untergründige Aggression des Klienten. Die Professionellen spüren zu Recht, dass sie mit allen ihren Bemühungen wenig auszurichten vermögen. Dies liegt jedoch weniger an ihrer eigenen Unfähigkeit und auch nicht an der Unveränderbarkeit des Klienten, sondern ist in erster Linie durch die (Selbst-)Sabotagetendenzen des Straffälligen bedingt. Wieder liefert das eigene Gefühl der Betreuenden wichtige Informationen über ihren Klienten und eröffnet ihnen einen Zugang zum Straffälligen, wie sie ihn auf rein rationaler Ebene nicht finden könnten.

Auch wenn sich keine allgemeingültigen Regeln darüber aufstellen lassen, wie man als Betreuer oder Therapeutin mit der eigenen Angst umgehen sollte, ist es meines Erachtens doch sinnvoll, einige grundsätzliche Überlegungen zu möglichen Reaktionen anzustellen. In der Situation selbst wird man mehr oder weniger spontan handeln müssen. Doch wird unser Verhalten zu nicht unwesentlichen Teilen durch die prinzipielle Haltung bestimmt, die wir einem Problem gegenüber einnehmen. Auch wenn man sich auf einen konkreten Konflikt nicht vorbereiten kann, ist es sehr wohl möglich, sich im Voraus über mögliche Strategien klar zu werden und Leitlinien für das eigene Verhalten festzulegen.

Ich habe beim Beispiel von Dieter bereits darauf hingewiesen, dass es im Fall eines Aggressionsausbruchs des Klienten und der daraus resultierenden Angst des Betreuers wichtig ist, eine weitere Eskalation der Aggression zu vermeiden. Damit ist selbstverständlich nicht gemeint, man solle in der Arbeit mit straffälligen Menschen Auseinandersetzungen stets ausweichen und als oberstes Ziel eine möglichst harmonische Beziehung vor Augen haben (auf die Gefahren einer solchen Beziehungskonstellation bin ich in Kapitel 4 eingegangen). Es geht hier vielmehr darum, im Fall eines bedrohliche Ausmaße annehmenden Aggressionsausbruchs des Klienten nicht noch Öl ins Feuer zu gießen, etwa indem wir verurteilend, uneinfühlsam und kränkend reagieren. Droht der Klient im Sturm seiner Affekte buchstäblich zu ertrinken, so müssen wir bestrebt sein, zunächst wieder eine Situation zu schaffen, in der man wenigstens einigermaßen miteinander reden kann. Es wäre verhängnisvoll, wenn die Angst und Aggression des Klienten und unsere eigene Angst und Gegenaggression sich gegenseitig aufschaukelten. Worauf es ankommt, ist vielmehr, dass zumindest die Professionellen einen kühlen Kopf behalten und die Lage soweit zu entschärfen vermögen, dass es nicht zu einer weiteren Eskalation der Aggression kommt.

Es gibt indes Situationen, in denen Betreuer und Therapeuten einer eindeutigen Stellungnahme nicht ausweichen dürfen und durchaus mit einer – allerdings wohl dosierten – Gegenaggression reagieren sollen. An der Episode mit Dieter habe ich gezeigt, dass es nach einer ersten Beruhigung des Klienten notwendig war, dass ich ihm meine Antwort auf seine Forderungen unmissverständlich mitteilte und einen neuerlichen Wutanfall seinerseits in Kauf nahm. Auch wenn uns die straffälligen Klienten durch ihre Drohungen oftmals unter erheblichen Druck bringen, sollten wir stets sorgfältig überlegen, wann wir ihren Wünschen nachgeben können und wo wir uns der Auseinandersetzung mit ihnen stellen müssen.

Damit hängt eine weitere prinzipielle Verhaltensstrategie zusammen, die wir als Betreuende zu befolgen versuchen sollten: Es erscheint mir wichtig, sich von diesen Klientinnen und Klienten niemals zu einem impulsiven Handeln drängen zu lassen. Bei aller nötigen Spontaneität sollte man es sich zur Regel machen, erst dann aktiv zu werden, wenn man einigermaßen die Gefühlssituation des Klienten begriffen und eine vom Betreuungskonzept her sinnvolle Entscheidung getroffen hat. Eine solche Strategie kann man, wie ich es bei Dieter getan habe, dem Klienten durchaus mitteilen, dies umso mehr, als der Klient in seinem bisherigen Leben die negativen Folgen seines impulsiven Verhaltens ja vielfach erlebt hat.

Ich habe wiederholt darauf hingewiesen, dass die Betreuenden bei sich – gleichsam stellvertretend für ihre Klienten – Gefühle wahrnehmen, die ihnen Aufschluss über die im Straffälligen ablaufenden psychischen Prozesse geben. Es ist aus diesem Grund wichtig, prinzipiell hellhörig für die eigenen Gefühle zu sein und in der Selbstreflexion ihre Bedeutung zu klären. Je überwältigender diese Gefühle sind (und dazu gehören natürlich auch heftige Angstimpulse) und je unverständlicher sie uns erscheinen, desto sorgfältiger sollten wir ihren Quellen nachgehen und prüfen, welchen Realitätsanteil sie besitzen, inwieweit sie aus unserer eigenen Lebensgeschichte resultieren und was sie uns über den Klienten mitzuteilen vermögen.

Mitunter erleben wir als Betreuer oder Therapeutin jedoch nicht direkt Angst, sondern können auf dieses Gefühl nur aufgrund eigener – uns selbst vielleicht merkwürdig erscheinender – Handlungen schließen. So bemerkte ich eines Tages mit einigem Erstaunen, dass ich vor den Sitzungen mit einem straffälligen Patienten, der mir in keiner Weise bedrohlich erschien, stets einen schweren Aschenbecher von meinem Tisch entfernte. Dieses Verhalten gab mir gerade deshalb zu denken, weil ich bewusst keinerlei Angst bei mir wahrgenommen hatte. Ich hatte jedoch, wie sich im weiteren Verlauf der Therapie herausstellte, intuitiv eine Dimension des Klienten wahrgenommen und darauf reagiert, die er selbst zu dieser Zeit noch nicht zum Erleben zuließ und für deren Existenz ich auf rationaler Ebene auch keinerlei Beweis hatte.

Umso wichtiger war es, mein eigenes Verhalten daraufhin zu untersuchen, welche Informationen es mir über den Klienten lieferte. Durch mein mir zunächst selbst unverständlich erscheinendes Verhalten war ich dafür sensibilisiert worden, bei diesem Klienten der Aggressionsdimension besondere Beachtung zu schenken. Als ich in einer der folgenden Sitzungen gezielt nach Aggressionsdurchbrüchen und entsprechenden Handlungen fragte, stellte sich heraus, dass der Klient ein erhebliches Aggressionspotenzial besaß, das aber in seinem Verhalten mir gegenüber und in der Schilderung seines bisherigen Lebens in keiner Weise sichtbar geworden war.

Wie ich anhand der beschriebenen Beispiele gezeigt habe, ist es in Situationen, in denen der Betreuer Angst vor dem Straffälligen erlebt, oft ein schmaler Grat zwischen allzu großer Schonung einerseits und unangemessener Härte dem Klienten gegenüber andererseits. Als generelle Strategie kann diesbezüglich gelten: Man sollte stets der augenblicklichen Angst- und Spannungstoleranz des Klienten Rechnung tragen und ihm nur so viel an Belastungen zumuten, wie er derzeit zu ertragen vermag. Ebenso muss man als Betreuer aber auch die eigenen Toleranzgrenzen berücksichtigen und darf in den oft ausgesprochen zermürbenden Behandlungen nicht unangemessene Ansprüche an sich selbst stellen. Gerade in krisenhaften Situationen kommt es darauf an, ein einigermaßen ausgewogenes Verhältnis zwischen den eigenen Bedürfnissen und Möglichkeiten und denen des Klienten zu finden.

Es ist in diesem Zusammenhang noch auf eine Strategie hinzuweisen, welche zur Bewältigung eigener Ängste vielleicht selten von den Professionellen angewendet wird, mir jedoch durchaus legitim erscheint: Es ist der Abbruch der Beziehung zum Klienten und die Weitergabe der Betreuung an eine Kollegin oder einen Kollegen. Gewiss wird man, wenn man einmal die Betreuung eines Straffälligen übernommen hat, nicht beim Auftauchen der geringsten Schwierigkeiten mit Rückzug reagieren. Ein derartiges Verhalten stünde im Widerspruch zum eigenen Berufsethos. Dennoch scheint es mir eine richtige und für Klient wie Betreuer sinnvolle Entscheidung zu sein, die Betreuung abzubrechen, wenn trotz aller Versuche, die eigenen Gefühle zu klären und zu bearbeiten, über längere Zeit hin im Betreuer unerträgliche Angst besteht.

Es wären falscher Stolz und unsinnige Ansprüche an die eigene Tragfähigkeit, wenn ein Betreuer, ungeachtet solcher Angstgefühle, glaubte, um jeden Preis weiter durchhalten zu müssen. Ein sich ständig terrorisiert fühlender Betreuer, der seine ganze Kraft in die Abwehr seiner Ängste investieren muss, nützt dem Klienten nichts. Er kann unter Umständen sogar einen negativen Einfluss auf den Klienten ausüben, da dieser ja zumeist selbst unter großer Angst vor seiner eigenen Aggression leidet und durch die Angst des Betreuers diese Gefühle sich nun noch potenzieren. Außerdem kann sich die Beziehung zwischen ihnen insofern unheilvoll entwickeln, als der Klient bald spürt, dass er schon durch geringfügige Drohungen seinen Betreuer praktisch zu allem zwingen kann. Damit wäre die Chance verspielt, welche darin liegt, dass der Betreuer, je nach Situation und abgestimmt auf die derzeitige Tragfähigkeit des Klienten, einmal auf dessen Wünsche eingehen kann, ein anderes Mal sich aber versagend verhält.

Die Professionellen müssen die Weitergabe des Straffälligen an eine Kollegin oder einen Kollegen selbstverständlich mit dem Klienten besprechen und die Gründe für ihre Entscheidung offen darlegen. In diesem Fall muss der Wechsel der Betreuenden keineswegs kränkend für den Straffälligen sein, sondern ist die Konsequenz der sozialen Realität, zu der einerseits das Aggressionspotenzial des Klienten und andererseits die Tragfähigkeit der Betreuenden gehört. Dadurch werden für das folgende Betreuungsverhältnis unter Umständen wesentlich günstigere Bedingungen geschaffen, und der Klient ist zumindest gezwungen, sich mit seinen aggressiven, auf andere Menschen bedrohlich wirkenden Impulsen auseinanderzusetzen. Zudem reagieren die verschiedenen Professionellen aufgrund ihrer eigenen Persönlichkeit im Allgemeinen sehr verschieden, und es ist keineswegs zu befürchten, dass der Klient keinen anderen findet, wenn ein Betreuer die Begleitung abbricht.

Zu den hilfreichen Strategien zur Bewältigung der vielfältigen Belastungen, welche die Betreuung straffälliger Menschen mit sich bringen, gehört schließlich auch der Gedankenaustausch mit Kolleginnen und Kollegen. Dies kann in einer Falldiskussionsgruppe oder einer Balint-Gruppe, aber auch in Form der Einzelsupervision oder der Intervision geschehen. Daneben spielt die Selbsterfahrung für alle, die als Betreuende und Therapeutinnen und Therapeuten tätig sind, eine zentrale Rolle. Bei der Arbeit mit straffälligen Menschen stellen wir als Person das Instrument dar, das wir bei der Betreuung einsetzen. Es ist deshalb wichtig, dass wir unsere Gefühle und Reaktionen einigermaßen kennengelernt haben, um unseren Klienten gerecht werden zu können und nicht im Verlauf unserer Tätigkeit selbst Schaden zu nehmen.

Schließlich gehört zu einer guten Vorbereitung auf die Arbeit mit Straffälligen auch eine fundierte theoretische Ausbildung. Gewiss lässt sich vieles, worauf es in der Behandlung und Betreuung solcher Klienten ankommt, nicht allein über den Kopf lernen. Doch zeigt gerade die Konfrontation mit Krisensituationen, dass eine möglichst gute Vorbereitung darauf nicht zuletzt durch das Wissen darum, wie man die im Klienten ablaufenden psychischen Prozesse theoretisch verstehen kann, eine große Hilfe bedeutet. Theorie und Praxis sind letztlich untrennbar ineinander verwoben und ergänzen sich gegenseitig.

9 »Ich verstehe mich selbst nicht mehr«

Die bisherigen Ausführungen haben erkennen lassen, dass die Professionellen im Umgang mit straffälligen Menschen vielfach mit eigenen Gefühlen und Reaktionen konfrontiert sind, die ihnen selbst – zumindest auf den ersten Blick – unverständlich sind und sie irritieren. Sei es die unerträgliche Angst der Betreuenden, die möglicherweise sogar zur Auflösung des Betreuungsverhältnisses führt, sei es eine heftige eigene Aggression, wie wir sie sonst bei uns nicht kennen, sei es meine mich selbst verblüffende Beobachtung, dass ich vor den Sitzungen mit einem Klienten, den ich bewusst keineswegs als gefährlich einschätzte und dem gegenüber ich auch keine Angst empfand, jeweils den schweren Aschenbecher aus der Griffnähe des Patienten entfernte, sei es das Gefühl eigenen Ärgers, den wir angesichts des provokativen Verhaltens vieler Straffälliger empfinden, oder sei es die Irritation, welche sie in uns durch ihre mitunter abstrus wirkenden, kaum noch an der Realität orientierten Schilderungen auszulösen vermögen. In all diesen Situationen befinden wir uns im Umgang mit diesen Klientinnen und Klienten oft in einem wahren Gefühlsstrudel, in dem wir trotz aller theoretischen Ausbildung und praktischen Erfahrung leicht zu versinken drohen. Oft stehen wir in solchen Augenblicken unter dem Eindruck, wir verstünden uns selbst nicht mehr.

Es ist ein Charakteristikum straffälliger Klienten, dass sie niemanden »kalt« lassen. Sie zwingen die Menschen, die mit ihnen zu tun haben, dazu, entweder für oder gegen sie zu sein, und ziehen ihre Betreuerinnen und Therapeuten oft vom ersten Zusammentreffen an in den Bann ihrer Gefühle. Wie ich dargelegt habe, kommt es in der Therapie und Begleitung darauf an, sich einerseits auf diese gefühlsmäßige Herausforderung einzulassen und sich auch zumindest zu einem Teil als Projektionsfläche benutzen zu lassen, an der die Klienten ihre Konflikte artikulieren können. Andererseits ist es jedoch wichtig, dass die Professionellen angesichts der mitunter chaotischen sozialen und innenpsychischen Schwierigkeiten dieser Klienten »den Kopf über Wasser« behalten und für die Klienten strukturierende Funktionen erfüllen.

Taucht in den Betreuenden nun das Gefühl auf, sie seien völlig verwirrt, sie verstünden sich selbst nicht mehr, so stellt dieses Erleben im Grund ein getreues Abbild der innenseelischen Situation ihrer Klientinnen und Klienten dar. Die Betreuenden nehmen hier durch den intensiven Gefühlsaustausch mit ihren Klienten etwas von deren Orientierungslosigkeit und Gefühlschaos wahr und erleben bei sich die Hilflosigkeit und Verwirrtheit, unter denen auch der Straffällige leidet. Unter diesem Gesichtspunkt ist ein derartiges Gefühl, sich selbst nicht mehr zu verstehen, zwar sehr unangenehm und belastend. Es stellt aber insofern ein wichtiges Kommunikationsmittel dar, als der Begleiter eine Gefühlsdimension des Klienten wahrnimmt, über welche dieser im Gespräch nie Auskunft geben könnte. Diese Gefühlslage kann vom Betreuer nur indirekt über das eigene Erleben erschlossen werden.

Die Schwierigkeit, in der sich Therapeutinnen und Therapeuten und Betreuende befinden, liegt darin, dass sie sich über das Mit-Erleben zwar auf diese chaotische innere Situation ihrer Klienten einlassen müssen, darin aber nicht versinken und sich dadurch nicht in ihrem therapeutischen Handeln blockieren lassen dürfen. Sie müssen, bildhaft gesprochen, über das eigene Erleben mit einem Bein in der Welt des Klienten und mit dem anderen Bein auf dem Boden der sozialen Realität und ihres Betreuungskonzepts stehen.

Das erfordert auf der einen Seite beim Vorgehen der Professionellen große Flexibilität und Spontaneität, auf der anderen Seite ein klares Betreuungskonzept und eindeutige Grenzsetzung dort, wo dies notwendig ist. Es ist ein Charakteristikum für die Arbeit mit straffälligen Menschen, dass man permanent mit einer solchen in sich widersprüchlichen Situation konfrontiert ist und sich im Spannungsfeld zwischen Gewähren und Versagen bewegen muss.

Auch diese im Grund paradoxen Rahmenbedingungen tragen nicht unwesentlich dazu bei, in den Professionellen immer wieder das

Gefühl von Verwirrung entstehen zu lassen. Wann und in welchem Ausmaß darf beziehungsweise muss man die Klientinnen und Klienten mit der sozialen Realität konfrontieren? Wo sollte man sich gewährend verhalten und auf die Wünsche des Straffälligen eingehen und wo muss man versagend sein und seine Forderungen strikt zurückweisen? Inwieweit ist es sinnvoll und unter Umständen sogar notwendig, die eigenen Gefühle dem Klienten erkennbar werden lassen? Und wann ist es angezeigt, die eigenen emotionalen Reaktionen zwar für sich wahrzunehmen, sie dem Straffälligen jedoch nicht mitzuteilen? Diese und viele andere Fragen tauchen, wie ich an den verschiedenen Beispielen gezeigt habe, in den Betreuenden auf, und sie sind in der konkreten Situation gezwungen, eindeutige Antworten darauf zu finden und sich dementsprechend zu verhalten.

Gewiss können theoretische Kenntnisse und praktische Erfahrungen derartige Entscheidungen erleichtern. Doch bleibt in den Professionellen häufig – und dies ist ein weiteres Merkmal der Arbeit mit Straffälligen – ein großes Maß an Unsicherheit bestehen, ob sie wirklich »richtig« gehandelt haben. Zu dieser Unsicherheit trägt auch die Tatsache bei, dass die straffälligen Klientinnen und Klienten oft von ausgesprochen zwiespältigen Gefühlen erfüllt sind und dementsprechend widersprüchlich reagieren, so dass schon allein deshalb in den Betreuenden leicht das Gefühl von Verwirrung auftaucht. Hinzu kommt, dass wir gerade im Umgang mit diesen Klientinnen und Klienten oft nur schwer beurteilen können, welches Verhalten unsererseits im Augenblick das »richtige« ist. In Anbetracht der geringen Frustrationstoleranz vieler Straffälliger empfinden es Betreuer und Therapeuten mit Recht mitunter wie »einen Tanz auf dem Vulkan«, wenn es zu entscheiden gilt, wie viel an Belastung sie ihrem Klienten zumuten dürfen, ohne dessen Spannungstoleranz zu überfordern, beziehungsweise zumuten müssen, damit gewisse Fortschritte erzielt und der Klient vom Betreuer nicht bevormundet und in seiner Autonomieentwicklung gehemmt wird.

Nicht selten stehen die Professionellen in derartigen Situationen unter dem Eindruck, ihrer Aufgabe nicht gewachsen zu sein. Zweifel an der beruflichen Kompetenz, Angst vor der Kritik Dritter (vgl. Kapitel 8), der Eindruck, an die Grenze der eigenen Tragfähigkeit gekommen zu sein beziehungsweise diese Grenze schon überschritten zu haben, sind einige charakteristische Gefühle, die sich uns in der

Arbeit mit Straffälligen immer wieder aufdrängen. Auch in dieser Hinsicht ist es oft schwierig zu entscheiden, wie realitätsgerecht solche Gefühle sind. In den meisten Fällen ist es ein Gemisch von mindestens drei Faktoren:

die durchaus realistische Wahrnehmung, vom Klienten in starkem Maße belastet zu werden und tatsächlich an den Rand der eigenen Tragfähigkeit gedrängt zu werden,

die gefühlsmäßige Reaktion auf die permanente Entwertung der eigenen Arbeit durch den Klienten, der durch sein Verhalten zu erkennen gibt, dass der Betreuer ihm nicht genug gebe beziehungsweise ihm nicht gerecht werde (vgl. Kapitel 1 und 7),

die Widerspiegelung der im Straffälligen bestehenden Zerrissenheit und Orientierungslosigkeit, die sich im intensiven Gefühlsaustausch mit dem Klienten den Betreuenden mitteilt und von diesen erlebt wird.

Im Spannungsfeld dieser widerstreitenden Gefühle drängt sich den Professionellen oft der Eindruck auf, zwischen den verschiedenen Polen hin- und hergerissen zu werden und verwirrt einer chaotischen Situation gegenüberzustehen, bis hin zum Gefühl, sich selbst nicht mehr zu verstehen. Dies gilt insbesondere dann, wenn die Klientinnen und Klienten bei uns Gefühle auslösen und Reaktionen provozieren, die uns mehr oder weniger fremd sind beziehungsweise im Widerspruch zu unseren Vorstellungen davon stehen, wie wir uns als Betreuer oder Therapeutin verhalten möchten.

Eine solche Irritiertheit können wir beispielsweise erleben, wenn wir bei uns Gefühle starker Antipathie, möglicherweise bis hin zu Ekel und Abscheu, einer Klientin oder einem Klienten gegenüber erleben. Gerade wenn wir von uns erwarten, dass wir anderen Menschen wohlwollend und unvoreingenommen begegnen und hinter noch so provokativem, abstoßendem Verhalten die Not und Bedürftigkeit des Klienten sehen, können wir betroffen und verwirrt sein, wenn wir bei uns sehr negative Gefühle einem Straffälligen gegenüber bemerken. Es erscheint mir jedoch insbesondere in einer solchen Situation wichtig, die eigenen Gefühle umfänglich zum Erleben zuzulassen und sich Rechenschaft über ihre Ursachen abzulegen.

Das unzensierte Erleben derartiger Gefühle und die sorgfältige Reflexion sind aus zwei Gründen notwendig. Zum einen wäre es für den Betreuer eine heillose Überforderung, wenn er in der Arbeit mit einem straffälligen Menschen permanent gegen heftige eigene negative Gefühle ankämpfen müsste. Er wäre unter diesen Bedingungen nicht in der Lage, die für seine Tätigkeit nötige Offenheit und Spontaneität zu entwickeln, und würde sich und dem Klienten keinen guten Dienst erweisen, wenn er trotzdem eine Betreuung übernähme beziehungsweise weiterführte (ich habe in Kapitel 8 am Beispiel der Angst auf eine solche Konstellation hingewiesen). Das Wahrnehmen der eigenen Gefühle, auch solcher negativer Art, ist deshalb eine wichtige Voraussetzung für die Entscheidung, ob man eine Betreuung oder Therapie übernehmen sollte oder nicht.

So ist es auch sehr sinnvoll, sich jeweils darüber klar zu werden, ob man mit bestimmten Klienten arbeiten kann und will. Dies gilt insbesondere für Menschen, die Gewaltdelikte begangen haben wie Mord, Vergewaltigung oder Kindesmisshandlung. Es wäre unsinnig und für die Professionellen wie für die Klientinnen und Klienten kontraproduktiv, sich über die eigenen Gefühle hinwegzusetzen und sich zur Betreuung solcher Straftäter zu zwingen. Man kann sich allenfalls bereit erklären, die nötigsten organisatorischen Dinge für sie zu regeln, sollte die eigentliche Betreuung und Therapie jedoch einer Kollegin oder einem Kollegen überlassen. Zum andern ist das Wahrnehmen der eigenen negativen Gefühle dem Klienten gegenüber auch insofern von großer Bedeutung, als wir auf diese Weise unter Umständen auf ein Signal antworten, das uns der Klient vermittelt, ohne sich dessen selbst bewusst zu sein. Würden wir unsere Gefühle der Antipathie oder des Ekels nicht voll erleben, so würden wir eine wichtige Botschaft des Straffälligen überhören und damit ein zentrales Problem von ihm nicht wahrnehmen.

Dieser zweite Gesichtspunkt sei an einem Beispiel veranschaulicht. Kurt, ein 35-jähriger Mann, der wegen wiederholten Einbrüchen, aber auch wegen Raubüberfällen und Körperverletzungen mehrfach, zum Teil längere Zeit, in Haft gewesen war, hatte vom Gericht die Auflage einer ambulanten Psychotherapie erhalten. Beim ersten Zusammentreffen löste er bei mir vor allem ablehnende Gefühle aus: Ich sah mich einem kleinen, ausgesprochen verwahrlost wirkenden Mann gegenüber, der sich mürrisch-abweisend verhielt und mich mit einem verschlagen wirkenden, lauernden Blick musterte. Vom Moment seines Eintretens an herrschte im Zimmer eine Atmosphäre von Gespanntheit und Feindseligkeit, und in mir tauchte spontan der Gedanke auf, ich wolle die Behandlung dieses Patienten auf keinen Fall übernehmen.

Als ich mich fragte, wodurch dieses Gefühl bedingt sei, und ich daraufhin Kurt genauer zu beobachten begann, bemerkte ich, dass er durch seine Erscheinung und sein Verhalten eine Fülle von Signalen gab, die alle darauf ausgerichtet waren, andere Menschen von sich fernzuhalten. Der erste globale Eindruck von Verwahrlosung ergab sich dadurch, dass Kurt sichtlich unsaubere, sehr vernachlässigte Kleidung trug, unrasiert war, strähnige, schmierig wirkende Haare hatte, einen unangenehmen körperlichen Geruch verbreitete und, als er zu sprechen begann, sanierungsbedürftige, zum Teil schwarze Zähne sichtbar werden ließ. Hinzu kamen der misstrauisch-lauernde Gesichtsausdruck und die Atmosphäre aggressiver Gespanntheit. Schließlich bemerkte ich, dass sich von Kurts Schuhen mit jedem Schritt, den er in meinem Zimmer getan hatte, große Brocken von Schmutz gelöst hatten. Später stelle ich fest, dass sein Weg von der Eingangstür bis zu meinem Zimmer ebenfalls mit Schmutzbrocken übersät war.

Obwohl meine ablehnenden Gefühle im ersten Moment sehr stark waren, spürte ich schon bald eine gewisse Neugier bei mir, etwas mehr über die Hintergründe dieses so betont abstoßenden Verhaltens zu erfahren. Ich vereinbarte deshalb mit Kurt, dass wir uns zunächst noch zwei weitere Male treffen wollten, um miteinander zu überlegen, ob und wie eine Behandlung erfolgen könne. Der Patient präsentierte sich in allen drei Vorgesprächen in der gleichen Weise. Je näher ich ihn jedoch kennenlernte, desto klarer wurde mir, dass die Reaktion, die er bei mir – und sicher auch bei vielen anderen Menschen – hervorrief, von ihm unbewusst offenbar angestrebt wurde und darauf angelegt war, andere Menschen von sich fernzuhalten.

Seine Lebensgeschichte war gekennzeichnet durch eine Fülle schwerster Enttäuschungen und Zurückweisungen. Kurt war uneheliches Kind einer bei seiner Geburt knapp 18-jährigen Frau. Da sie infolge großer eigener sozialer und psychischer Probleme ihrem Sohn nicht gerecht zu werden vermochte, hatte sie ihn schon bald nach der Geburt in ein Heim gegeben, in dem er aber nur bis zur Kindergartenzeit geblieben war. Bereits als Kleinkind hatte er eine Fülle von Verhaltensstörungen gezeigt, neben Einnässen und Einkoten sowie extremer Ängstlichkeit insbesondere plötzliche, heftige Aggressionsausbrüche. Aufenthalte in verschiedenen weiteren Heimen und Kliniken hatten keine Verbesserung gebracht, sondern hatten im Gegenteil zu immer größer werdenden Schwierigkeiten geführt. Hatte er anfangs noch auf die Beziehungsabbrüche mit Depressivität und Verzweiflung, mitunter auch mit heftigem Trotz reagiert, so war er zunehmend abgestumpft und hatte in einem Zustand dysphorisch-gereizter, misstrauischer Ablehnung verharrt.

Während der Schulzeit begann Kurt straffällig zu werden (vor allem mit Diebstählen) und auch in erheblichem Maße Alkohol zu konsumieren. Je älter er wurde, desto verbitterter erschien er. Zur Aufnahme tragfähiger gefühlsmäßiger Beziehungen war er nicht fähig. Die wenigen Versuche, die er unternommen hatte, eine Freundschaft zu einem Mädchen anzuknüpfen, endeten mit einer großen Enttäuschung für ihn und verstärkten sein Gefühl, von allen abgelehnt zu werden. Diese Beziehungen waren, soweit sich rückblickend feststellen ließ, wie bei vielen dieser Klienten von Anfang an überladen mit ungeheuren Erwartungen, wodurch das Scheitern von vornherein einprogrammiert war. Außerdem war Kurt aufgrund seiner Lebensgeschichte gar nicht in der Lage, die Partnerin zu finden, die seinen Erwartungen auch nur annähernd hätte entsprechen können; er wählte vielmehr Frauen, die ihrerseits schwerst beziehungsgestört waren und von ihm gefühlsmäßige Nähe erhofften, die er jedoch nicht zu geben vermochte.

Als ich diese tragische Lebenssituation zu begreifen begann, wurde mir verständlich, warum Kurt sich auch mir in einer so abstoßenden Weise präsentiert hatte. Er musste, um sich vor erneuten Enttäuschungen und Verletzungen zu schützen, sich so verhalten, dass niemand den Wunsch in sich verspüren könnte, sich ihm zu nähern. Sein verwahrlostes Äußeres war Abbild seiner desolaten inneren Befindlichkeit und für ihn eine Strategie, mit der er alle Menschen auf einer ihm Sicherheit vermittelnden Distanz halten konnte.

Es war für mich interessant zu erleben, dass sich in dem Moment, in dem ich die psychologischen Hintergründe von Kurts Verhalten zu erfassen begann, meine Gefühle ihm gegenüber änderten. Nach wie vor nahm ich zwar den unangenehmen Körpergeruch wahr, bemerkte den Schmutz, den er jeweils im Zimmer hinterließ, und registrierte sein vernachlässigtes Äußeres. Meine Empfindungen änderten sich jedoch im Verlauf der Vorgespräche, und ich sah hinter der abstoßenden Fassade schließlich vor allem die Bedürftigkeit und tiefe Enttäuschung dieses Mannes. Interessanterweise hatte sich mit dieser Gefühlsverschiebung bei mir auch meine Einstellung zur Frage, ob ich die Psychotherapie von Kurt übernehmen wolle, völlig geändert: Ich spürte jetzt keinerlei Ablehnung oder Bedenken mehr, obwohl ich mir darüber klar war, dass es eine schwierige Behandlung sein werde. Wäre bei mir jedoch eine unüberwindbare Abneigung bestehen geblieben, so hätte ich die Therapie auf keinen Fall übernehmen können.

Wie dieses Beispiel zeigt, kann ein negatives Gefühl, das wir im Umgang mit einem straffälligen Klienten erleben, eine wichtige Informationsquelle für uns sein. Schon aus diesem Grund ist es notwendig, derartige Empfindungen auftauchen zu lassen und sich mit ihnen auseinanderzusetzen. Außerdem sollten wir als Professionelle diese Gefühle deshalb sehr ernst nehmen, da sie uns anzeigen, mit welchen Klienten wir arbeiten können und bei welchen wir realistischerweise anerkennen müssen, dass wir ihnen nicht gerecht zu werden vermögen.

10 Zwischen Resignation und Hoffnung

Verschließen wir unsere Augen nicht vor der desolaten sozialen und psychischen Situation, in der sich viele straffällige Menschen befinden, so liegt es nahe, dass in uns Gefühle der Resignation auftauchen. Immer wieder drängen sich uns bedrückende Fragen auf wie »Haben unsere Aktivitäten denn überhaupt einen Sinn?«, »Ist bei dieser Klientin nicht schon so viel zerstört, dass alle therapeutischen Bemühungen gar keine Aussicht mehr auf Erfolg haben?«, »Ist die Neigung des Klienten zu kriminellen Handlungen nicht bereits so eingeschliffen, dass wir kaum etwas daran verändern können?« und »Ist die soziale und psychische Situation nicht bereits so verfahren, dass alle Hilfe zu spät kommt?«. Diese Zweifel werden oft noch verstärkt durch die ablehnende, alles entwertende Einstellung, welche die Klienten unseren Bemühungen gegenüber erkennen lassen, und durch die skeptische Haltung, welche die Öffentlichkeit derartigen Therapien und Betreuungen gegenüber vielfach einnimmt.

Nach meiner Erfahrung ist eine Arbeit mit Straffälligen nicht möglich, ohne dass sich den Professionellen solche resignativen Fragen aufdrängen und sie mitunter beim besten Willen keinen Weg mehr sehen, der aus dem Elend der Klientinnen und Klienten hinausführen könnte. Wenn wir im Umgang mit straffälligen Menschen niemals diese Gefühle von Verzweiflung und Hoffnungslosigkeit erleben, sollten wir uns kritisch fragen, ob wir nicht eine zentrale Realität im Leben unserer Klienten ausblenden. Es sind Gefühle, die auch den Straffälligen selbst erfüllen und oftmals jegliche Eigeninitiative in ihm geradezu ersticken. Umso wichtiger ist es, dass wir sie wahrnehmen und ihnen standzuhalten versuchen.

115

Wenn wir die Kräfte des straffälligen Menschen, unsere eigenen Möglichkeiten und die Umgebungsbedingungen realistisch einschätzen, müssen wir zugeben, dass vielfach selbst im optimalen Fall nur geringfügige Erfolge zu erreichen sein werden. Was sich an inneren und äußeren Schwierigkeiten über Jahre und Jahrzehnte angehäuft und verfestigt hat, kann oft trotz großer Anstrengungen nicht rückgängig gemacht und verändert werden. Erlittene Kränkungen, seelische Verwundungen, schwerwiegende Mangelerfahrungen in Kindheit, Jugend und im späteren Leben lassen sich nicht einfach »wiedergutmachen«. Bestenfalls vernarben die Wunden früherer Verletzungen, heilen können sie oft nie mehr. Und nicht selten sind die sozialen Probleme wie zum Beispiel finanzielle Überschuldung oder Arbeitsprobleme im Verlauf der Jahre so angewachsen und die Defizite in einer Fülle von sozialen Fertigkeiten sind so groß geworden, dass ein Ausweg aus diesen Schwierigkeiten kaum noch möglich erscheint.

In Anbetracht dieser desolaten Situation hängt die Entscheidung von den Professionellen darüber, ob sie sich auf die Begleitung und Therapie eines straffälligen Menschen einlassen wollen, wesentlich davon ab, ob sie bereit sind, auf spektakuläre Änderungen ihre Klienten zu verzichten und sich mit kleinen Schritten und – aus ihrer Sicht – vielleicht minimalen Erfolgen zufrieden zu geben. Sind die Professionellen dazu nicht fähig, werden sie permanent enttäuscht sein – und dies ihre Klientinnen und Klienten auch spüren lassen – und werden trotz ihres zu Beginn vielleicht großen Engagements schließlich resignieren.

Wir müssen uns allerdings fragen, ob wir überhaupt die Betreuung eines Menschen übernehmen und durchführen können, angesichts dessen innerer und äußerer Not wir von Hoffnungslosigkeit erfüllt sind. Dies scheint mir tatsächlich kaum möglich zu sein. Auch wenn wir uns keine großen Erfolge unserer Bemühungen versprechen und mit geringfügigen Änderungen zufrieden sind, bedarf es doch wenigstens eines Funkens von Hoffnung darauf, dass nicht alles »verloren« ist. Der Klient und die Umwelt vermitteln uns vielleicht eine ausschließlich negative Sicht und lassen bei einer scheinbar völlig verfahrenen inneren und äußeren Situation totale Resignation als einzig angemessene Reaktion erscheinen. Und doch müssen wir, um den großen Belastungen, die diese Betreuungen mit sich bringen, standhalten zu können, trotz aller Dunkelheit irgendwo ein – vielleicht nur ganz schwaches – Licht von Hoffnung wahrnehmen.

Die Schwierigkeit liegt darin, dass wir uns einen solchen Hoffnungsschimmer nicht einreden und uns nicht an eine völlig unrealistische Erwartung klammern dürfen, sondern hinter allen Problemen und Begrenztheiten unserer Klientinnen und Klienten die tatsächlich bei ihnen bestehenden Entwicklungsmöglichkeiten wahrnehmen müssen. Dass fällt angesichts der bedrückenden Lebensgeschichten und der vielfältigen Konflikte dieser Menschen oft ausgesprochen schwer. Und doch steht und fällt die Therapie und Betreuung damit, ob es uns gelingt, Vertreter einer Hoffnung zu sein, welche die Klienten selbst oft längst verloren haben.

Worauf es ankommt, ist, eine paradoxe Situation auszuhalten: Wir müssen, wenn wir realistisch sind, zugeben, dass eigentlich kein Grund für Hoffnung besteht und wir nirgends einen Anhaltspunkt dafür sehen, dass sich etwas im Leben und Erleben der Klientinnen und Klienten ändern könnte. Zugleich aber müssen wir dennoch die Zuversicht in uns bewahren und dem Klienten vermitteln, dass sich irgendwo ein Weg für ihn auftun wird und wir gemeinsam Entwicklungsmöglichkeiten in ihm entdecken werden, von deren Existenz er zumeist nichts spürt und die wir allenfalls erahnen können.

11 Theoretische Überlegungen zur Entwicklung und Persönlichkeit von Straffälligen

Es soll hier ein kurzer Abriss meiner Überlegungen zur Entwicklung und Psychodynamik dissozialer Menschen gegeben werden. Ausführlich habe ich diese Fragen in meiner Monographie »Außenseiter der Gesellschaft« (1999; erste Ausgabe »Dissozial«, 1981) dargestellt und diskutiert.

Untersucht man die Bedingungen, unter denen Menschen, die später straffällig werden, aufgewachsen sind, so fällt auf, dass sie in der frühen Kindheit ebenso wie im weiteren Verlauf ihres Lebens zum Teil schwerste *Verlust- und Mangelerfahrungen* durchgemacht haben. Eine in diesem Zusammenhang im psychologischen Schrifttum immer wieder aufgeworfene und kontrovers diskutierte Frage ist, ob die vom Erwachsenen rückblickend als traumatisch geschilderten Ereignisse in der Kindheit tatsächlich diese Qualität gehabt haben oder ob es, zumindest von der äußeren Realität her betrachtet, eher harmlose, alltägliche Ereignisse waren, die jedoch subjektiv als sehr belastend erlebt und aufgrund der früh einsetzenden Fehlentwicklung verzerrt wahrgenommen worden sind.

Im Hinblick auf viele später straffällig werdende Menschen ist diese Frage relativ eindeutig dahingehend zu beantworten, dass die frühkindlichen Traumatisierungen zumeist der äußeren Realität entsprechende, schwerwiegende Beeinträchtigungen waren, die vor allem aus der sozialen Instabilität der Herkunftsfamilie mit zum Teil gravierenden ökonomischen Problemen und intrafamiliären Spannungen und aus den vielfältigen Beziehungsabbrüchen resultieren, denen diese Kinder ausgesetzt waren. Diese Informationen erhalten wir nicht nur von den erwachsenen Klienten selbst oder – im Fall von Kindern und Jugendlichen – von ihren Angehörigen, sondern wir finden die entsprechenden Angaben in einer Fülle von Akten, die über diese Familien in den verschiedensten Institutionen, psychiatrische Kliniken, Beratungsstellen, Vormundschaftsbehören, Heimen etc. vorliegen.

Die in der frühen Kindheit durchgemachten Mangel- und Verlusterfahrungen sind von solchen Kindern vielfach als *existentielle Bedrohung* erlebt worden. Diese psychischen Verletzungen haben tiefe Spuren in ihrer Persönlichkeit hinterlassen, vor allem in Form eines zum Teil *extremen Misstrauens (»Urmisstrauen«)*. Eindrücklich hat ein Jugendlicher mit schwerer dissozialer Fehlentwicklung dieses Gefühl mit den Worten umschrieben, das Leben sei für ihn »wie ein Dschungelkampf, wo in jedem Augenblick die Gefahr besteht, dass hinter einem Busch oder Baum ein Feind hervorspringt« (Heinemann et al., 2003). Aufgrund der Mangelerfahrungen haben sich in diesen Menschen im Verlauf der Zeit ungeheure Wünsche und Ansprüche angestaut, und sie sind von einem unstillbaren Hunger nach Zuwendung und Bestätigung erfüllt (*oral-aggressiver Kernkonflikt*). Zugleich bestehen bei ihnen aber auch große Ängste vor jeder intensiveren mitmenschlichen Nähe und Verbindlichkeit, so dass diese Menschen gerade das fürchten und vermeiden, was sie eigentlich am meisten ersehnen (*Sehnsucht-Angst-Dilemma*). Sie weichen deshalb vielfach auf »Ersatzgebiete« aus, indem sie sich Alkohol and andere Suchtmittel einverleiben oder sich Gegenstände aneignen, in der allerdings irrigen Hoffnung, dadurch die innere Leere ausfüllen zu können.

Die *Beziehungen*, die sie aufnehmen, sind zumeist überladen mit *unrealistischen Erwartungen,* und andere Menschen sind für sie in der Regel nur »Mittel zum Zweck« (*narzisstisch-funktionalisierte Beziehungen*). Man darf diese Aussage jedoch nicht im wertenden Sinne verstehen, sondern muss sich darüber klar sein, dass die später straffällig werdenden Menschen aufgrund ihrer Lebenserfahrungen nichts anderes als einen solchen Beziehungsstil kennengelernt haben und deshalb letztlich auch gar keine Möglichkeit besitzen, eine andersartige Beziehung zu pflegen. Sie haben gelernt, dass andere Menschen für sie vor allem und nur so lange von Bedeutung sind, wie sie die Erfüllung ihrer Wünsche nach Zuwendung, Unterstützung und Ansehen garantieren. Können die Bezugspersonen dies nicht mehr, so werden sie für den Straffälligen »uninteressant«. Nicht selten richtet sich gegen sie nun aber auch aus Enttäuschung ungeheurer Hass, da sie die in sie gesetzten Erwartungen nicht erfüllen.

Die frühkindlichen Entwicklungsbedingungen dissozialer Menschen führen bei ihnen zu *spezifischen Störungen in der Wahrnehmung und Steuerung ihrer Gefühle* sowie zu Beeinträchtigungen in den Funktionen, die sie benötigen, um sich in der Gesellschaft bewegen zu können. Vieles von ihrer inneren Befindlichkeit und von der sozialen Realität nehmen sie nicht oder durch ihre Ängste und Hoffnungen verzerrt wahr. Betroffen sind insbesondere die nach der psychoanalytischen Theorie dem Ich zuzuordnenden Funktionen der Realitätsprüfung sowie der Fähigkeit, realistische Zukunftsentwürfe zu entwickeln und sich vor einer Überflutung durch innere und äußere Reize zu schützen. Im Bereich der *Abwehrmechanismen* herrschen archaische (vor allem aus der frühen Kindheit stammende) Formationen vor wie *Spaltung* (der betreffende Mensch vermag die »guten« und »bösen« Teilqualitäten einer anderen oder auch der eigenen Person nicht gleichzeitig wahrzunehmen, sondern erlebt diese je absolut als unvereinbare Gegensätze, wobei es charakteristischerweise immer wieder zu einem abrupten Umschlagen in das gegenteilige Gefühl kommt), *Projektion*[*] und *projektive Identifizierung*[†] (eigene, bei sich selbst aber nicht akzeptierte Gefühle und Impulse werden in anderen Menschen gesehen und dort oft heftig bekämpft), *Ausblenden von Aspekten der sozialen Realität (Verleugnung)* sowie *Idealisierungen* und *Entwertungen* von Bezugspersonen.

Diese Mechanismen dienen zwar ursprünglich dem Schutz der Persönlichkeit vor dem Gewahrwerden der inneren Konflikte, vor der daran gebundenen unerträglichen Angst und vor dem Überflutetwerden durch Aggressivität. Sie sind insofern »Erhaltungsmechanismen«. Zugleich wirken sie sich aber auch unheilvoll aus, weil sie die weitere Entwicklung dieser Menschen erheblich beeinträchtigen, indem sie beispielsweise Reifungsschritte stören, den Realitätsbezug behindern und dazu beitragen, dass diese Menschen viele für ihre soziale Integration wichtige Erfahrungen nicht oder in nur ungenügendem Maße machen, zum Beispiel mangelnde Schul- und Berufsausbildung und Schwierigkeiten beim Erlangen sozialer Kompetenzen. Die Störung in den Abwehrformationen führt ferner auch zu der für Straffällige charakteristischen *Beeinträchtigung in ihrer Angst- und Spannungstoleranz.*

[*] wahrgenommen   [†] hervorgerufen

Eine weitere Störungskomponente betrifft die *Gewissensbildung* dieser Menschen, in der psychoanalytischen Theorie das *Über-Ich*. Immer wieder wird das Fehlen einer Gewissensinstanz gleichsam als Kardinalsymptom des straffälligen Menschen postuliert. Diese Annahme trifft nach meiner Erfahrung jedoch keineswegs zu! Diese Menschen haben sehr wohl eine Gewissensinstanz aufgebaut, nur weist sie in ihrer Entwicklung und Struktur spezifische Störungen auf. Ein Teil ihres Über-Ich besteht aus geradezu grausamen, sie stets entwertenden Stimmen, die sich von frühkindlichen traumatischen Beziehungserfahrungen herleiten. Gegen die von diesem Teil ihrer Gewissensinstanz ausgehende Verurteilung und Selbstentwertung suchen sich diese Menschen vor allem durch eine Projektion der selbstquälerischen Impulse auf Menschen in der Außenwelt zu schützen. Gegen diese »Über-Ich-Träger« führt der Straffällige dann oft einen geradezu verzweifelten Kampf in der irrigen Hoffnung, damit die ihn verurteilenden Stimmen im eigenen Innern zum Schweigen bringen zu können. Eine weitere Auffälligkeit straffälliger Menschen liegt im Bereich ihres Über-Ich darin, dass ihr Ich-Ideal, das heißt ihre Vorstellungen von dem, was sie sich als Leitlinie und Idealentwurf vor Augen stellen, zum Teil enorm überhöht und so hochgeschraubt sind, dass sie in Realität nie erreicht werden können.

Die Folge dieser Über-Ich-Probleme sind einerseits *extreme Selbstentwertungen* und *Selbstverurteilungen* und andererseits so hoch gesteckte Ziele, dass ein Versagen programmiert ist. Außerdem kommt es zu einem oft abrupten Umschlagen von zentralen Selbstunwertgefühlen zu völlig unrealistischen Größenvorstellungen. Beide Reaktionsweisen sind Ursache vielfältiger sozialer Konflikte und verstärken nochmals die Störungen im Realitätsbezug.

Aufgrund ihrer frühkindlichen Entwicklungsbedingungen ist es bei den straffälligen Menschen im Verlauf ihres Lebens ferner zu schwerwiegenden *Störungen in ihrem Selbstwerterleben*, nach der psychoanalytischen Theorie in ihrer *narzisstischen Entwicklung* gekommen. Zentrale Ohnmachts- und Selbstunwertgefühle stehen unvermittelt neben grandiosen, völlig unrealistischen Vorstellungen von den eigenen Möglichkeiten. Beide Gefühlszustände sind gleichermaßen extrem und nicht der Realität entsprechend. Die narzisstische Störung prägt wesentlich die Beziehung dieser Menschen. Partnerinnen und Partner ebenso wie die Professionellen sind für sie vor allem insofern von Bedeutung, als sie ihnen Befriedigung ihrer Wünsche nach Anerkennung und Geltung garantieren und als idealisierte Menschen zur Aufwertung der eigenen, sich insuffizient fühlenden Person benutzt werden können. Auch die starke Neigung Straffälliger, sich durch Manipulation anderer Menschen das Gefühl eigener Macht und Größe zu verschaffen, sowie ihre *erhöhte Kränkbarkeit* und ihre *geringe Frustrationstoleranz* sind Ausdruck der Selbstwertstörung. Diese ist bei straffälligen Menschen insbesondere deshalb so verhängnisvoll, weil sie zum einen den ohnehin schon geringen Realitätsbezug immer noch weiter lockert und zum Ausweichen vor jeglicher Konfrontation mit irgendeiner unangenehmen, belastenden Situation führt. Zum anderen resultieren aus der Selbstwertproblematik gerade bei diesen Menschen so große Schwierigkeiten, weil sie durch ihre vielfältigen sozialen Einschränkungen und ihren Mangel an sozialen Kompetenzen dauernden Kränkungen ausgesetzt sind und kaum über Erfolgserlebnisse und realitätsgerechte Kompensationsmöglichkeiten verfügen.

Bei der Auseinandersetzung mit dem Phänomen Straffälligkeit ist meiner Ansicht nach gerade dieser zuletzt erwähnten sozialen Komponente besondere Beachtung zu schenken. Die *sozialen Beeinträchtigungen* spielen in der Entwicklung dieser Menschen eine zentrale Rolle, sie sind charakteristisch für das aktuelle Erscheinungsbild und sie sind auch wichtig für die Behandlung dieser Persönlichkeiten und für die Prognose ihrer weiteren Entwicklung. Zu den sozialen Beeinträchtigungen gehören etwa die Probleme in der Schul- und Berufsausbildung, die aus der frühen Sozialisation und aus den Heim- und Strafanstalts-«Karrieren« resultierenden Beeinträchtigungen im Hinblick auf wichtige soziale Kompetenzen, die negativen Etikettierungen als »Verwahrloste«, »Delinquenten« oder »Strafentlassene« sowie die vielen anderen Folgeerscheinungen der Delinquenz wie finanzielle Überschuldung, Wohn- und Arbeitsprobleme und Partnerkonflikte.

Als Fazit dieser hier nur stichwortartig skizzierten Theorie der Entwicklung und Persönlichkeit straffälliger Menschen lässt sich festhalten: Wir haben es vielfach mit Menschen zu tun, die bereits in frühester Kindheit schwere reale Mangel- und Verlusterfahrungen erlebt haben. Die Folge sind schwerwiegende Beziehungsstörungen, die Ausbildung eines erheblichen Aggressionspotenzials sowie Beeinträchtigungen in verschiedenen Ich-Funktionen und im Aufbau der Gewissensinstanz. Ferner leiden viele dieser Menschen unter einer zentralen Selbstwertstörung, die sich einerseits in Insuffizienz- und Ohnmachtsgefühlen, andererseits in einem grandiosen Gebaren und starken manipulativen Tendenzen äußert. Ihre spezifische Prägung erhält diese Persönlichkeitsstörung jedoch erst durch die gravierenden sozialen Schwierigkeiten, welche für die Entwicklung und die aktuelle Situation dieser Menschen ausschlaggebend sind und der in der Begleitung und Therapie unbedingt Rechnung getragen werden muss (*bifokales Behandlungskonzept*).

Auf eine *Gefahr* ist indes in diesem Zusammenhang hinzuweisen: Bei einer solchen Sicht, die von der Fülle psychischer und sozialer Probleme dieser Klientinnen und Klienten dominiert wird, kann es in der Gegenübertragung, das heißt in den Gefühlen der Professionellen, leicht zu einer hoffnungslosen, resignativen Haltung ihren Klienten gegenüber kommen. Dies könnte so weit gehen, dass die Professionellen Therapien und Begleitungen von Straffälligen, die sie als »Bündel von Defiziten« empfinden, prinzipiell ablehnten oder, wenn dies, beispielweise im Rahmen der Bewährungshilfe, unumgänglich wäre, mit nur geringem Engagement, gleichsam als »lästige Pflicht« täten, von der sie sich keinen Erfolg versprächen.

Eine solche Haltung hätte unzweifelhaft einen erheblichen negativen Einfluss auf die Interaktion zwischen den Professionellen und den Klientinnen und Klienten und könnte leicht zu einer Self-Fulfilling Prophecy werden: Die Professionellen wären von vornherein von der Sinnlosigkeit ihres Handelns überzeugt, und die daraus resultierenden Misserfolge ihrer Begleitungen und Therapien von Straffälligen würden diese Vorannahme scheinbar bestätigen.

Angesichts dieser Gefahr erscheint mir das Konzept der *Salutogenese* (Antonovsky, 1997) wichtig und hilfreich. Es bietet uns einen theoretischen Rahmen, der es uns ermöglicht, Abstand von der pathogenetischen, allein auf die Störungen und Defizite gerichteten Sicht zu nehmen und das Augenmerk auf die *intakten Persönlichkeitsdimensionen* der Klientinnen und Klienten zu richten, auf ihre *konstruktiven Kräfte* und auf die in ihnen schlummernden *Ressourcen*, die es zu entdecken und zu entwickeln gilt. Letztlich ermöglicht es uns erst ein solcher Paradigmenwechsel von der Pathogenese zur Salutogenese, in den Begleitungen und Therapien von Straffälligen den dazu notwendigen Funken von Hoffnung in uns, oft stellvertretend für die Klientinnen und Klienten, lebendig zu halten und damit professionell handlungsfähig zu bleiben.

Literatur

Antonovsky, A. (1997). Salutogenese. Zur Entmystifizierung der Gesundheit. Tübingen: Dgvt-Verlag.

Balint, M. (1970). Therapeutische Aspekte der Regression. Stuttgart: Klett.

Battegay, R. (1982). Vom Hintergrund der Süchte (4. Aufl.). Bern: Blaukreuz-Verlag.

Blanck, G., Blanck, R. (1978). Angewandte Ich-Psychologie. Stuttgart: Klett.

Clos, R. (1982). Delinquenz – ein Zeichen von Hoffnung? Frankfurt a. M.: Fachbuchhandlung für Psychologie.

Erikson, E. H. (1966). Identität und Lebenszyklus. Frankfurt a. M.: Suhrkamp.

Heinemann, E., Rauchfleisch, U., Grüttner, T. (2003). Aggressive Kinder und Erwachsene. Psychoanalytische Pädagogik in Schule, Heim und Therapie. Düsseldorf: Patmos/Walter.

Rauchfleisch, U. (1981). Dissozial. Entwicklung, Struktur und Psychodynamik dissozialer Persönlichkeiten. Göttingen: Vandenhoeck & Ruprecht. (Überarbeitete Neuauflage, s. Rauchfleisch, 1999).

Rauchfleisch, U. (1990). Probleme der Indikationsstellung für eine psychoanalytische Psychotherapie von Delinquenten. In W. Schneider (Hrsg.), Indikationen zur Psychotherapie. Anwendungsbereiche und Forschungsprobleme (S. 81–99). Weinheim/Basel: Beltz.

Rauchfleisch, U. (1996). Menschen in psychosozialer Not. Beratung, Begleitung, Psychotherapie. Göttingen: Vandenhoeck & Ruprecht.

Rauchfleisch, U. (1999). Außenseiter der Gesellschaft. Psychodynamik und Möglichkeiten zur Psychotherapie Straffälliger. Göttingen: Vandenhoeck & Ruprecht.

Winnicott, D. W. (1988). Aggression. Versagen der Umwelt und antisoziale Tendenz. Stuttgart: Klett-Cotta.

Udo Rauchfleisch bei V&R

V&R

Udo Rauchfleisch
Arbeit im psychosozialen Feld
Beratung, Begleitung, Psychotherapie, Seelsorge

UTB 2272
2001. 224 Seiten, kartoniert
ISBN 978-3-8252-2272-7

Das Buch ist eine Einführung in die Arbeit mit Klientinnen und Klienten in allen psychosozialen Arbeitsfeldern.

Udo Rauchfleisch
Außenseiter der Gesellschaft
Psychodynamik und Möglichkeiten zur Psychotherapie Straffälliger

1999. 198 Seiten, kartoniert
ISBN 978-3-525-45843-3

Ein besseres Verständnis von Menschen mit dissozialen Störungen ist förderlich für ihre Behandlung und kann für präventive Maßnahmen genutzt werden.

Udo Rauchfleisch
Schwule, Lesben, Bisexuelle
Lebensweisen, Vorurteile, Einsichten

4. Auflage 2011. 264 Seiten, kartoniert
ISBN 978-3-525-40415-7
E-Book: ISBN 978-3-647-40415-8

Sensibler Blick auf Homosexuelle in unserer Gesellschaft.

Udo Rauchfleisch
Transsexualität – Transidentität
Begutachtung, Begleitung, Therapie

3. Auflage 2012. 200 Seiten, kartoniert
ISBN 978-3-525-46260-7
E-Book: ISBN 978-3-647-46260-8

»Ein kompetentes und berührendes (Fach)Buch, dem man viele Leser wünscht.«
Carsten Hansen, buchkatalog.de

Udo Rauchfleisch
Alternative Familienformen
Eineltern, gleichgeschlechtliche Paare, Hausmänner

1997. 134 Seiten, kartoniert
ISBN 978-3-525-01434-9

So viel Zerfall wie in der traditionellen Familie war noch nie. Setzt sich dagegen gar nichts Konstruktives für die Zukunft?

Udo Rauchfleisch
Allgegenwart von Gewalt
2. Auflage 1996. 258 Seiten, kartoniert
ISBN 978-3-525-01419-6

Mehr Informationen zu diesen Bänden finden Sie unter www.v-r.de

Vandenhoeck & Ruprecht